星云大师向左 圣严法师向右

李倩◎主编

中国物资出版社

图书在版编目(CIP)数据

星云大师向左 圣严法师向右/李倩主编. —北京:中国物资出版社,2010.2
ISBN 978-7-5047-3248-4

Ⅰ. 星… Ⅱ. 李… Ⅲ. 佛教—通俗读物 Ⅳ. B94-49

中国版本图书馆 CIP 数据核字(2009)第 190611 号

策划编辑 王秋萍
责任编辑 王秋萍
责任印制 方朋远
责任校对 孙会香 梁 凡

中国物资出版社出版发行
网址:http://www.clph.cn
社址:北京市西城区月坛北街 25 号
电话:(010)68589540 邮编:100834
全国新华书店经销
北京京都六环印刷厂印刷

开本:710mm×1000mm 1/16 印张:20 字数:328 千字
2010 年 2 月第 1 版 2010 年 2 月第 1 次印刷
书号:ISBN 978-7-5047-3248-4/B·0191
印数:00001—11000 册
定价:32.80 元

序言

禅里禅外悟人生

一个人可以一辈子不读佛经，不进寺庙，不烧一炷香，不叩一个头，却不可能一辈子无烦恼、无苦闷，无所爱恋、无所希求。

人生本是苦海，人生充满诱惑，人生遍地烦恼。面对如此人生，世人却偏偏抛舍不下，斩不断情丝，挥不去愁绪，丢不下欲望，于重负之下扶杖前行，步履蹒跚也不肯回头上岸。

于是，禅者的智慧心语，便成为醒世恒言，于寂寞处独自绽放着夺目的光彩。

禅是花花世界中的一株白莲，开在碧潭，静静无声却令世人心向往之；开在闹市，喧嚣鼎沸中独具十足的恬淡风光。涵养一颗清净淡然的心，目光交汇之处尽是澄明闲雅的心光，如禅之一瞥，众生皆得大自在；挥洒一腔自度度人的豪情，浮光交错间尽是佛光的悲悯与智慧，如禅之一味，于万般曼妙中尽展个中风情。

星云大师，在云水日月中累积了禅门菁华；圣严法师，于风雪独行时品尝了人生百味。当禅门的无上智慧与禅者的处世心语碰撞在一起，便如春风化雨，滋润了芸芸众生的干涸心田。

参禅并不一定是为了修佛，拥有一颗真挚的初心，便能在似海的佛法中获得现代生活为人处世的方法。领悟两位禅学大师的良言偈语，便能够借助禅的智慧开阔心胸、坚定意志、开发思维、调和精神、调养身心、磨炼心地；便能在富时平和、穷时快乐，工作时舒心、休息时放心，便能够生无烦恼，死无畏惧；便能够得到安定、彻悟、清净、圆融、澄明，而这些，正是忙乱、疲惫、被折磨、被遮蔽的现代人最需要的东西。

觉悟并不难。两位大师的智慧心语，能够在每个人的心中播下禅的种子，只要拥有阳光的照耀、雨露的滋润，便能够生根发芽、破土而出、枝繁叶茂、开花结果。满园果香飘散日，正是人生幸福时。

从禅里悟人生，可以延年益寿、获得解脱、逍遥自在；从禅外看世道，可以自鉴内心、止恶扬善、畅行于世。每个人都能参禅，每个人都需要禅，每个人都能够从禅中有所获益。

这是一本关于心灵智慧的书，由禅宗大师为你指点迷津。几十年岁月的沉淀，数十载风霜的洗礼，他们的思想绽放出的智慧也许并不像三伏天正午的太阳，散发着炫目的光芒，却一定如仲秋那一轮美丽而圆润的明月，用柔和的、淡淡的月光抚去世人心头的粒粒尘埃。

这是一本关于禅的书，能带你走进禅的世界。书中每个故事，都仿佛佛陀手中的莲花，其中总有一朵，会让你在欣赏之余拈花微笑，拨开云雾见青天，在刹那间领悟到禅的真谛。

这是一面明澈的镜子，镜子照出的是整个世界，有我、有你，还有他。每个人，都在以自己的方式或者睿智，或者痴迷，或者愚蠢地生活着。当你注视镜中人时，也许，恰恰就能发现自己思维僵住的那个点，刹那间，天地澄明。

原本是浮华尘世中开悟得道的禅学大师，两位大师却一如既往地谦和、淡定。他们像是勤劳的匠人，将自己人间佛教的理想当做一件艺术品，精心打磨，细细雕琢。他们默默地将净化人间、普度众生的重担负在肩上，剥离了禅的神秘外衣，用平实生动的语言叙说着衣食住行、悲欢离合中的禅理，将禅的智慧化为满天花雨，洒向红尘众生。

禅深似海，环绕着我们每个人，而众生纵有万般向往却依旧只当周身都是苦难，且让两位大师共驾一叶扁舟，带我们在禅海中自在畅游。

编　者

2009 年 11 月

目 录

上篇 星云讲佛，禅是淡淡下午茶

睿智如星云大师，手持一盏般若智慧的心灯行走于世。智慧如太阳，可以照破黑暗；如良田，可以滋长善根；如明镜，可以洞悉万象；如大海，可以容纳百川。

做一个智慧的人，在行云流水般的日子里时时点燃那一瓣心香。

众生皆在红尘中颠倒，以至认为幸福不可企及。星云大师却带着池边观落花的闲散心情，告诉我们幸福其实是一件简单的事情：每天说一些欢喜的话，化解自己的悲伤；每天做一些利人的事，将快乐与他人分享；每天谈一些益智的事，增长自己的智慧；每天审视圣者的慈像，增加心灵的善美。

痴迷的人总以为幸福在遥远的彼岸，其实，在大师眼里，闲池边的落花也有幸福的味道。

山不转，路转；路不转，人转；人不转，境转；境不转，心转。人生在世不过数十年寒暑，人人都是过客。有的人活得认真，有的人活得随缘。如星云大师一般，做个快活的弥勒，不必太较真，也不要太随便。在所有环境中随遇而安，匆匆而逝的岁月也有别样的精彩。

第四章　做明白人，留一只眼睛看自己 …… 063

低头，可以鉴照自性的澄明；退步，才能收获一畦肥美的稻穗，宇宙万有，因为虚空含纳包容。当世人皆向往心外的财富，星云大师却保持着难得的清醒：唯有内心的财富才取之不尽、用之不竭。与其向外寻寻觅觅而不得，不如用心将智慧、忍耐、包容学到手。

第五章　做慈悲人，点亮心灯的善缘 …… 081

星云大师常常面带慈祥的笑容，他总是对弟子们说，我们的微笑，在他人眼中是美丽的；我们的赞美，在他人心底是温暖的；我们的倾听，在他人感觉里是虔诚的。

怀慈悲心行慈悲事，凡夫俗子也能拥有一个辉煌的人生。

聪明的人，怀欢喜心做欢喜事，自然成就欢喜的人生；愚痴的人，心揣黄莲做苦事，终成烦恼的人生。世间万事无不在自己的一念之间，一念天堂，一念地狱。

像星云大师所言，做个聪明人，横吹笛子竖吹箫，动听的旋律便时刻环绕身畔。

星云大师常说做人当如水，洒脱的人生，有如山泉清流，浑然天成，不假造作，自然而流，不带勉强。那淙淙的清泉，于山穷水尽处，百转千折，随缘安然。任路远道遥，澄澈见底，甘纯清净，可以涤人忧虑。

第八章　做积极人，剪修生命的荒芜 …… 127

星星会陨落，钻石也会粉碎，唯有积极的人生信仰，水漂不走，火烧不尽，恶风倾动不了。在星云大师眼中，一个积极的人当时常剪修生命中的荒芜，唯有如此，才能任凭人间蝶去莺飞，心田自有桂树半亩。

第九章　做好学人，活到老学到老 …… 143

知识，如明镜一般，为人生映照出一个个亮面。一个好学的人，能够在学习中增长知识，修炼涵养，培养气质，使自己成为一个发光体，并与世界的灿亮接壤。

下篇 圣严说禅，佛在寻常人世间

第十二章　面朝苦海，也有春暖花开 …… 197

一个人如果有禅心，就可以活得自在一些，自由一些，快活一些，幸福一些。拥有春暖花开般的心情，便能从容自若地面对苦海，就像一株草，每天只要有三五滴露水的滋润，就可以开出青翠的颜色，挺立在风雨中。

第十三章　虚怀若谷，见百川归海 …… 211

滴水虽微，渐盈大器；滴水虽微，见微知著。一花一世界，一叶一菩提，唯有虚怀若谷，才能在一滴水中洞见海洋，在一粒尘中得见宇宙。做一面圣严法师所说的“反射镜”，观照自己，也照亮他人。

圣严法师说："心净则国土净。"禅是抵达心净的必经之路，也是与人为善的最佳方式。做一个心怀慈悲的人，与人结恩不结怨，关心他人也便是关怀自己。

人生没有捷径可循，唯有一步一步走，才能抵达终点。着眼于当下，脚踩着实地，在浮躁的世界里才能走得稳妥。圣严法师说，昨天已然过去，明天不可掌控，唯有向当下臣服，才能获得真正的力量，开启智慧的法门。

行走于世间，犹如在飞花落叶中行走，世间的纷扰犹如花叶的旋舞。心净之人，不观花叶，反而能见到树木深埋于泥土中的根本，在飞花落叶之中不沉不没，在肉身坏灭的进程中不动不摇。

人生之理如同在山间负重前行，唯有弯腰才能稳步，唯有起伏才见路途。学会弯腰，难得糊涂，沧桑岁月中才可自主沉浮。

善用其心，善待一切。生活即道场，在工作中修行，在修行中工作。以禅净化身心，工作中也可怡然自得。处处体会工作禅法，时时拥有禅者心境。轻松对待，便能像圣严法师一样，虽忙碌但仍精彩。

星云讲佛，禅是淡淡下午茶

上篇

语录 星云偈语，禅深似海自有岸

心态篇

人生最大的悲哀，是自己对前途没有希望；人生最坏的习惯，是自己对工作没有计划。

“学习吃亏”能养德，“人我互调”能慈悲；“当然如此”能自在，“享有就好”能常乐。

工作时没有贵贱之分，服务时没有高低之别，读书时没有老少之分，修道时没有圣凡之界。

不妄求是知足的生命，不投机是本分的性格，不计谋是诚实地做人，不自私是净化的身心。

心怀善念，日日是好日；里邻和睦，处处是净土。

水入污泥，虽清亦浊；人入邪恶，虽正亦奸。

牙齿以坚硬易毁，故圣贤贵柔；刀刃以尖锐快摧，故圣贤贵浑；神龙以难见称瑞，故圣贤贵潜；沧海以汪洋难量，故圣贤贵深。

以拾为有，则不贪；以忙为乐，则不苦；以勤为富，则不贫；以忍为力，则不惧。

失败之人，不外乎一意孤行、刚愎自用；成功之人，大多能与人为善、从善如流。

失败者，往往是热度只有五分钟的人；成功者，往往是坚持最后五分钟的人。

世间最好的东西，是欢喜；世间最贵的善举，是结缘；世间最大的力量，是忍耐；世间最强的愿力，是甘愿。

金钱可以买得到奴隶，但买不到人缘；金钱可以买得到群众，但买不到人心。金钱可以买得到鱼肉，但买不到食欲；金钱可以买得到高楼，但买不到自在。金钱可以买得到美服，但买不到气质；金钱可以买得到股票，但买不到满足。金钱可以买得到书籍，但买不到智慧；金钱可以买得到床铺，但买不到睡眠。

做人要能随遇而安、随缘生活、随心自在、随喜而做；处事要从澹处着眼、疑处用心、无处下手、拙处力行。

胸襟宽大，条条都是大路；心意清净，处处都是净土。

在贫困中，要有忠心志气；在危难中，要有信心勇气；在富贵中，要有善心义气；在修持中，要有正心道气。

知苦恼，才会本分不妄求；知惭愧，始能进步不退化。

真理要靠力量来实践，力量要靠真理来发挥。

看得破的人，处处都是生机；看不破的人，处处都是困境。

求学篇

人生之大病，不在无用，而在无明；事业之成功，不在学历，而在学力。

人的能力在努力中可以增加，人的学问在虚心下可以进步。

在学识上要力求博大精深，在修养上要力求忍耐包容。

有道之书尽读，明事之书多读，闲杂之书少读，邪妄之书不读。

自己不学好，别人帮不了；自己要学好，谁也挡不了。

生活的教育重于知识的教育，道德的教育重于功利的教育，普及的教育重于特权的教育，自觉的教育重于接受的教育。

培才爱才，才可以传灯；教人用人，才可以传宗。

培养自学的能力，才不会在苟安中退步；培养教人的胸怀，才能将经验传承下来。

培养兴趣，而不养成癖好；学习正直，而不学成古板。

没有新观念，不会有进步；没有大格局，不会有远见。

作家在稿纸上耕耘，农夫在土地上耕耘，教师在黑板上耕耘，禅者在心地上耕耘。

受社会教育，为一家谋生；受心灵教育，为万众化导。

所谓学问，在于治事，事不治，纵学无益；所谓佛法，在于治心，心不治，纵修无成。

敢于发问，问出智慧；长于听闻，闻出对话；善于沟通，谈出共识；勇于思考，想出创意；受于锻炼，磨出实力；安于静修，修出道德。

自学，是成功的动力；自律，是成功的条件；自信，是成功的方法；自尊，是成功的要素。

为了体验人生，应以道德严律人格；为了追求学问，应以智慧扩充心光。

为学当重闻思修，将来必须说写做，若能具备戒定慧，必可清净乐融融。

研究要靠资料，发明得靠才华，读书需要深思，做事应该明辨。

时间是一秒一秒给你的，所以要一秒一秒地用；书籍是一字一字写就的，所以要一字一字地读。

修行篇

一个登山的人在悬崖峭壁，所迫切需要的是青藤小树；一个上进的人在人生险途，所急于需要的是善言指南。

交友以无嗔为自在，做人以无痴为清凉，用心以无相为净土，修行以无得为涅槃。

上课闻道要有欢喜心，指导训话要有接受心，做事担当要有勇敢心，和人相处要有恭敬心。

不想改过的人，无法调教；不想向善的人，无法得度。

布施可以种一收十，持戒可以三业清净，忍辱可以自他得益，精进可以无事不成，禅定可以身心安住，智慧可以洞察秋毫。

求学读书要：读做一个人，读明一点理，读悟一点缘，读懂一颗心。

世学有漏，佛法无边；知识变易，真理常新。

生产好似摇钱树，节俭犹如聚宝盆，勤快能换万担粮，用心拥有全宇宙。

自我观照，反求诸己；自我更新，不断净化；自我实践，不向外求；

自我离相，不计内外。

为人父母，要心甘情愿养育子女；为人师长，要心甘情愿培育英才；为人学生，要心甘情愿承受教诲；为人子女，要心甘情愿孝养父母。

求革新不可太快，厌恶人不可太凶，要他好不可太过，用人才不可太急，听发言不可太率，对自己不可太宽。

有能力的人，处处给人方便；无能力的人，处处给人为难。

勇气须从一念中求，仁慈须从行仪里找。

坐姿如钟，必须稳重；站立如松，必须正直；容貌如镜，必须明净；行止如法，必须合仪；思想如流，必须清澄。

事，无法要求“完美”，但至少要能“完成”，才算尽到己责；人，无法要求“万能”，但至少做到“可能”，就能堪受担当。

以智慧灯来点亮心光，以自性佛来成就内心，以六度法来治疗心病，以七圣财来丰富内财。

信其言，不察其行，是智者之愚；信其行，不察其言，是愚者之智；察其言，亦察其行，是智者之智；不察言，亦不察行，是愚者之愚。

为了完成自己，任何考验都得忍受；为了解决纷争，任何责任皆得担当。

要做行为正直坦荡的君子，不做没有是非观念的小人。

个人的性格，影响自己一生；群众的性格，影响万世族亲。

处世篇

凡事皆有利弊，只要懂得权衡之道，往大处着眼，枯石朽木也能入药；凡人皆有长短，只要懂得用人之道，取彼之所长，破铜烂铁也能成钢。

不患人之不重己，应患己之不重人。

不辞小水，方能成就海洋；不积小善，无以圆满至德。

不愿说理是固执，不会说理是愚者，不敢说理是奴隶，不肯说理是无知。

以言语讥人，取祸之大端；以度量容人，集福之要术；以势力折人，招尤之未远；以道德化人，得誉之流长。

只说好话不做好事，好话等于废话；只做好事不说好话，好事等于无事。

用兵择其勇，用人择其才，用理择其道，用钱择其德。

用智慧确定方向，方向必到；用意志克服困难，困难必解。

用感情换取他人的信仰，无法长久；用道德建立他人的尊敬，历久弥深。

目中有人助缘多，口中有德福报多，耳中清净和谐多，心中有佛欢喜多。

有田不种，必无收成；有钱不用，必空积聚。

能吃亏可以获得大便宜，能受苦可以获得大安乐，能和气可以获得大力量，能散财可以获得大聚集。

做人要如滚雪球，愈滚愈有人缘；做事要如织锦绣，愈织愈有成就。

不择细流终成海洋，不辞土壤终成高山，不耻下问终致渊博，不饰过失终达善美。

做大事要有魄力，做小事要能细心，做难事要肯忍耐，做善事要求无相。

做事要能知已，若拾寸就尺，不易获得成功；处世要能知人，若拾长取短，容易导致失败。

人我相处之道，靠生活教育来训练；自我提升之道，靠思想教育来启发。

事事肯放过他人则德日升，事事不放过自己则学日密。

依附得人，可获终生快乐；投靠非类，将造一生之殃。

知己、律己，是立身处世之要道；容他、助他，是人际相处之良津。

生命篇

人的健康，主要在身心健全，而非勇武有力；人的长寿，主要指延续慧命，而非长命百岁。

不吃过头的饭，不讲过头的话，不走过头的路，不做过头的事。本分，照顾当下；过头，失去未来。

水之性，在由高而下，故宜因势利导，以为疏通之则；人之性，在有所获得，故当喜拾布施，以为结缘之方。

由“无常”，可悟缘起缘灭，必能精进；由“无我”，可知性真性实，必得自在。

养生之道，在于吃得淡，吃得粗，吃得少；处世之道，在于吃得苦，吃得亏，吃得重。

死，要死得有价值；死有重如泰山，有轻如鸿毛。活，要活得有尊严；活，有流芳百世，有遗臭万年。

有为法虽假，弃之则佛道难成；无为法虽真，执之则慧光不明。

幸运，总是垂青于勇敢的人；福报，总是降临于厚道的人。

法无善恶，善恶是法；境无损益，损益在人。

治学不厌是智者，教育不倦是仁者，做事不苦是勤者，受苦不诉是能者。

安排自己能获得快乐，充实自己能获得知识，掌握自己能获得平安，创造自己能获得成功。

若要身体好，饮食要吃少；若要人缘好，诚恳莫骄傲；若要家庭好，关怀最重要；若要事业好，勤劳来创造。

序章 轻叩禅门，观似海佛法

薪火传灯，星云大师的云水日月

不论是酷暑天柔风清凉的晨间，还是寒冬里风雪相伴的清晨，每次早课讽诵《楞严咒》，读到“愿将身心奉尘刹，是则名为报佛恩”一句时，年纪尚幼的小沙弥都会在心中暗暗发愿：“将来，我一定要把全部的身心奉献于弘法利生。”

世事蹉跎成白首，六十年甲子轮回间。当年的小沙弥早已成为受人尊敬的佛学大师。

他就是佛光山的开创者星云法师，虽然被弟子信徒推崇备至，但法师为人依旧谦和低调。他的每一场演讲都吸引了很多人，虽不至夹道欢迎，但众人虔心求教的场面也蔚为壮观。

从一个食不果腹、六年间只穿两身衣服、鞋子破了拿纸垫的小沙弥，成长为屹立在两千多年悠悠佛教历史长河中的一座丰碑，他把“人间佛教”的火种撒满了五洲大地。媒体评论说：“如今的星云大师，不只属于佛光山，不只属于台湾，不只属于中国，已经是全世界、全人类的宝藏。”

星云大师俗姓李，名国深，法名悟彻，号今觉，1927 年出生在江苏省江都县，12 岁时在宜兴大觉寺出家，随志开上人修行。

1941 年，他受具足戒，并入栖霞律学院攻读。

1945 年，他入焦山佛学院修学，并于 1947 年毕业后返回大觉寺担任监院，兼任当地白塔小学校长，并任《怒涛》月刊主编。

1948 年，他出任南京华藏寺住持。

1949 年春，星云大师前往台湾，初驻锡中坜圆光寺，并于次年开始主编《人生》月刊。

1952 年，他到宜兰雷音寺，成立念佛会、弘法会、歌咏队等组织，奠定了以后弘法事业的基础。

1955 年，他在高雄创建高雄佛教堂。

1957 年，在台北创办了佛教文化服务处。

1962 年，他任《觉世》旬刊发行人，并在高雄创建寿山寺，设立寿山佛学院。

1967 年 5 月 16 日，他在高雄大树乡麻竹园山地开创佛光山，以弘扬“人间佛教”为宗风，树立“以文化弘扬佛法，以教育培养人才，以慈善福利社会，以共修净化人心”的宗旨，开始致力于推动佛教教育、文化、慈善、弘法事业，并融古汇今，手拟规章制度，将佛教带往现代化的新里程。

从 12 岁出家，到如今已是古稀之年，六十年佛门生活让星云大师拥有了慈悲的心肠、平和的心态、积极的人生观。他教化宏广，有来自世界各地的出家弟子千余人，信众更是多达百万。他一生弘扬佛教，倡导“欢喜与融合、同体与共生、尊重与包容、平等与和平、圆满与自在”等观念。

“大彻大悟很难，但每天有一点小小的开悟是可能的，我每天都在努力，要想通一些小小的道理，一生中，就是不断用心去开悟。”星云大师这样说，他从大陆到台湾，从宜兰雷音寺到高雄佛光山寺，他积聚众人的愿力，遍弘佛法于五大洲。当年的一个平凡和尚，如今成就了不凡的事业。

一路走来，荆棘遍地，有快乐亦有痛苦，有喜悦也有忧愁，晴天朗日、雨天滴水，都成为一路走来不曾错过的美丽风景。他将佛法的真谛一点一滴地向世人普及，他把佛门的慈悲与智慧之光洒向所有路人。星云法师曾说：“我只想尽一点心力，不妄想，不僭越，只想慢慢把弘法利生的事业做起来，直到现在，也从来没觉得自己做了很多事情，我只想像爬楼梯一样，一步步往上爬，而非一步登天。”

然而世事绝无偶然，只有如星云法师一般，以平和质朴、勤奋不懈、创新改革的精神朝着正确的方向一步一个脚印前行，才会征服理想的山峰。

在滚滚红尘中拈花微笑

历史是河流，文化为舟楫，镌刻着物质的遗产，精神的足迹，从远古至今，于滚滚红尘中向前奔流。其中一条支流，发源于印度，悠然流淌了2500多年，曾经澎湃，曾经激昂，曾经低回，也曾经呜咽，这便是佛教。

两千年间，佛教的智慧之光始终照耀着苦海众生。而星云大师作为“人间佛教”的倡导者，从艰难开创佛光山、教育僧才徒众，到广设全球道场、弘扬人间佛教，他将佛门传统与现代生活紧密结合了起来，厘定仪制，有破有立，将佛法与生活的喜怒哀乐一脉贯通，“给人信心、给人欢喜、给人希望、给人方便”，发菩提心，行菩萨道。

佛教倡导的慈悲心、放下、舍得、包容、上进等观念，无论何时都不会过时，永远是我们应该深思并奉行的人生准则，唯有如此，才能在浮躁、琐碎、焦虑的现代生活中寻得自己的一间静谧禅房，让心灵得到宁静的休憩。

在1977年佛诞节的演讲中，星云大师曾经阐释过自己的“人间佛教”理想，他说：“真正的人间佛教是现实重于玄谈，大众重于个人，社会重于山林，利他重于自利。”

随着生活节奏的加快，越来越多的人丧失了自己的信仰，即使是信佛之人，也往往把佛教当成保险业，廉价地希望佛陀像神明一样给予我们保佑。而星云大师倡导的人间佛教，则是希望用佛陀的开示教化作为改善人生的准绳，用佛法来净化思想，让佛法作为生活的依据，使众生过得更有意义、更有价值。

忙碌的现代人，忙于钩心斗角，忙于精打细算，忙于计算每月的收入与支出，忙于计算别人对自己有多少亏欠，忙于计算自己又有多少人情债要还，忙于计算谁算计了自己，而自己又要怎样报复……算来算去，却偏偏丢失了自己的清净心。

你有多久，没有听到鸟儿为了迎接旭日而发出的清脆晨鸣了？你有多久，没有注意到夕阳西下的最后一抹霞光了？你有多久，不曾外出远游？你有多久，未曾好好休息？

喧嚣的世俗生活中，你是否还保留着自己的一颗单纯初心，你是否还拥有美好的理想与执著的追求，你是否还心存对世界的真诚感恩？若一切都已经渐渐消散，让我们真心期待星云大师致力于创造的人间净土，并在这一方净土之中找回自己吧！

那么，星云大师心目中对人间佛教的理想设定又是怎样的呢？

1. 建设生活乐趣的人间佛教。

2. 建设财富丰足的人间佛教。

3. 建设慈悲道德的人间佛教。

4. 建设眷属和敬的人间佛教。

5. 建设大乘普济的人间佛教。

6. 建设佛国净土的人间佛教。

若这般美好的理想成为现实，红尘俗世中的每个痴人都将得到快乐与幸福，每个人都将站在生命驿站的任意一程，静观日升日落，欣赏云卷云舒，拈一朵盛世莲花，在人群之中、人群之外拈花微笑。

第一章　做智慧人，行云流水的人生

睿智如星云大师，手持一盏般若智慧的心灯行走于世。智慧如太阳，可以照破黑暗；如良田，可以滋长善根；如明镜，可以洞悉万象；如大海，可以容纳百川。

做一个智慧的人，在行云流水般的日子里时时点燃那一瓣心香。

一炷清香不如一瓣心香

星云禅话

禅是一种智慧，智慧的种子既在高僧大德的手中，也在红尘闹市里每个怀有佛心的人身边。也许，很多人一辈子都不会走进庙宇之中烧香拜佛，但只要存着那一瓣心香，佛祖就在身边，心灯自会照亮前程。

“点亮一盏尊敬和谐的心灯，点亮一盏祝福友爱的心灯，点亮一盏互相包容的心灯，点亮一盏勤劳节俭的心灯，点亮一盏忍让和平的心灯，点亮一盏般若智慧的心灯。”生活中的智者理应如星云大师所言，点亮心灯，照亮人生。

禅林雅苑

从前，有一个小沙弥一心求悟，他在门上写“心”字，在窗上也写“心”字，在墙上还是写“心”字。

一天，文益禅师从他的禅房前经过，看到这般景象，便轻轻地叩开了他的房门。文益禅师笑着说：“门上应该写‘门’字，窗上应该写‘窗’字，墙上应该写‘墙’字。”

你的心上，是否写着“心”字呢？

心中有信仰，佛祖自在身边。正如狮头山法语所言：“一炷清香不如一瓣心香，一束鲜花不如一脸微笑，一杯净水不如一念净信，一串佛珠不如一句好话。”在星云大师眼里，供佛并不一定要上香，心香一瓣，会聚信仰十方。心中无碍，去染成净，便能自在地徜徉于蓝天白云之间，快乐地聆听风之倾诉、水之潺潺。

心中有佛，即为净土。人生当如行云流水，不以物喜，不以己悲，不因一时耀眼光环而狂傲，不因瞬间挫败打击而低迷。太过在乎必有牵累，太过执著自受羁绊，不如抛却杂念，自求随心。

三伏天，禅院的草地枯黄了一大片。“快撒点草籽吧！好难看哪！”小和尚说。

师父挥挥手：“随时！”

中秋，师父买了一包草籽，叫小和尚去播种。

秋风起，草籽边撒、边飘。“不好了！好多种子都被吹飞了。”小和尚喊。

“没关系，吹走的多半是空的，撒下去也发不了芽。”师父说，“随性！”

撒完种子，跟着就飞来几只小鸟啄食。“要命了！种子都被鸟吃了！”小和尚急得跳脚。

“没关系！种子多，吃不完！”师父说，“随遇！”

半夜一阵骤雨，一早小和尚便冲进禅房：“师父！这下真完了！好多草籽被雨水冲走了！”

“冲到哪儿，就在哪儿发芽！”师父说，“随缘！”

一个星期过去了。原本光秃秃的地面，居然长出许多青翠的草苗，一些原来没播种的角落，也泛出了绿意。

小和尚高兴得直拍手。

师父点头：“随喜！”

老和尚的“随心”并无“所欲”，而是一种大智慧。星云大师也曾对生活中的“随”做出过同样的解释：要随遇而安，要随缘生活，要随心自在，要随喜而作。这两者之中都包含着一种同样的淡泊心，若以此淡泊心处世，必能在自在徜徉的心境中，体味到人生的快乐。

快乐是人生智慧结出的甜美果实。有所得固然会带来快乐，无所得也是一种充实。古人说“非淡泊无以明志，非宁静无以致远”，淡泊是一种真我，是英雄本色。追求随缘境界、自在人生的淡泊者，生活的道路上永远开满鲜花，永远芳香四溢；陷于虚名浮利泥淖中的人，生活的道路上会遍布陷阱，即使在生命终结的刹那蓦然回首，可能也无法体会到那难以把握的快乐滋味。

人生像是一株焕发着生机的植物，当大自然将每个生命送到人间时，都赋予了他强壮的身躯和充沛的精力。汲取天地万物之灵气，便能在最短的时间内撑开一片最广阔的绿荫；而世俗酒色就好像一把斧子，一旦触及，便很容易失去所有青枝绿叶，只留下一具干枯的枝干。

智慧绝非刹那芳华

星云禅话

保持心正意诚是获得并维系禅宗智慧的法宝，而如何才能做到正心诚意呢？

星云大师教诲：“对世间要救苦救难，对他人要感恩戴德，对家属要共荣共有，对社会要献心献力。”

智慧不是刹那芳华，也不是镜花水月，它真实地存在于每个人身边，也将永恒地存在于人世间。真正的智者能够在这永恒的智慧之光的照耀下，在自己的人生舞台上演绎出最美丽的传奇。

禅林雅苑

“林花谢了春红，太匆匆，无奈朝来寒雨晚来风。”风雨凋零了春花，往日时光难以再现；光阴似水，时光如梭，所以“自是人生长恨水长东”。

南唐后主李煜将自己人生失意的一番怅恨寄寓在暮春残景之中，既是自我心情的写照，也涵盖了人类所共有的生命的缺憾，将人生易逝、光阴难留的无限痛苦融汇和浓缩在了这千古一叹中。

穿越岁月的长河，无数美好的瞬间都在细雨中凋零陨落，无数壮丽的举动都在和风里化为尘埃，雄奇的景观都将随光阴而沧桑，坚定的信仰也会遗失在时光的洪荒里。美丽、感动、快乐、悲伤常常只在刹那之间，如清晨露水，日出即干涸；如夜色昙花，一夜枯荣。人道“天下黄河九曲十八弯”，然毕竟东流去，这一滴水与那一滴水转瞬之间从咫尺到天涯。

人生短暂，红颜弹指老，刹那芳华尽，而禅的智慧却在人生的众多瞬间化为永恒。

与群石对语，看顽石点头，拈花一笑，掸衣无痕，这是佛的姿态。

相传在灵山法会上，释迦牟尼为众人说法。他手指间拈着一朵花，一句话也不说，只是对着众生微笑，似乎所有佛法的奥义，都已经在这拈花示众和微笑之间道尽了。

众生面面相觑，不知该如何回应。唯有大弟子摩诃迦叶抬起头，直视着佛陀的双目，并报以会心一笑。

释迦牟尼欣然赞叹道：“吾有正法眼藏，涅槃妙心，实相无相，微妙法门，不立文字，教外别传，付嘱大迦叶。”

这一拈一笑间传递了一切，也象征着一种心灵的和谐、完美与圆融。这就是禅宗的第一次传灯，摩诃迦叶继承了佛祖的衣钵，也继承了他传法普度众生的事业。禅法智慧的传承似乎就在两人相视一笑间完成了，但智慧的意义却并未在那个瞬间全部实现。禅宗智慧的刹那芳华与永恒魅力往往是共存的，并行且永不相悖。

星云大师主张佛门的“生命教育”：生命之所以有力量，在于能为生命留下历史，为社会留下慈悲，为自己留下信仰，为人间留下贡献。人的色身虽然有老死，真实的生命却是不死的，就如薪火一样相传。所以，人一旦获得了禅法的智慧，就应该将其融会于自己生命中的每分每秒。

生命就在呼吸之间，既然每个人都以同样的步速从这几十年的光阴中穿行，为何不选择走得更加踏实、更加稳健，既能自利，又可利人。当走到生命的尽头，即使不能留下深刻的痕迹，也能够感受到发自内心的欣慰。

正如印度诗人泰戈尔所言：“天空中没有翅膀的痕迹，但我已经飞过。”这种飞翔也是一种姿态，它同佛陀的所有智慧姿势一样，具有一种永恒不灭的精神魅力。

凡尘俗世听梵音

星云禅话

正如星云大师所言，禅如空气一般，将我们环绕其中，“待人处世是修行，工作服务是修行，诵经拜佛是修行，谈话会面是修行，爱语赞叹是修行，改过迁善是修行，乃至休闲娱乐都是修行”。

古德说“热闹场中作道场”。只要自己息下妄缘，抛开杂念，哪里不可宁静呢？“参禅何须山水地，灭却心头火亦凉。”深山古寺中能修行，红尘俗世中也可得道。

禅林雅苑

禅是静，禅是定，于滚滚红尘中踉跄奔走的众生能否聆听梵音佛唱呢？

只要心中有佛，外境又怎能阻碍人的修行之路？心中有佛，眼睛看到的都是佛的世界；心中有佛，耳中听到的都是佛的声音；心中有佛，说的话都是佛的语言；心中有佛，所做的都是慈悲的事情。这是星云大师所到达的禅悟境界，也是在俗世中摸爬滚打的众生获得心灵解脱的法门。

虽然生活在这污浊的世界，但只要心中有佛，凡尘俗世中也能聆听到曼妙梵音，凡夫俗子也能成为出淤泥而不染的圣洁白莲。

生活就是禅，禅就是生活。满目青山是禅，茫茫大地是禅，浩浩长江是禅，潺潺溪水是禅，青山翠竹是禅，郁郁黄花是禅。

禅就在身边，所以，参禅并非必须到庙宇之中。

无德禅师从法堂中走出来的时候，恰好看到一位女施主手捧鲜花，面色虔诚地走进了佛殿。于是，无德禅师朝她点头微笑。

女施主向无德禅师微微施礼后说道："禅师，这是我今天刚刚从家中的花园里采下的鲜花，您看这花朵绽放得多么美丽！"

无德禅师回答说："是啊，多么美丽的花朵！施主每天都这么虔诚地来以香花供佛，必然会得到福报。"

听到无德禅师的评价，女施主非常高兴，她开心地说："这是作为一个信徒应该做的。每次一走进庙门，我的心就会变得特别清净，所有的烦恼刹那间烟消云散。可是一旦回到家里，无数的烦恼又会涌上心头，我到底该如何消除心中的魔障呢？"

无德禅师并未回答她的问题，而是反问道："既然施主每天都来寺里献花，我很想向您请教，请问您是如何保持花朵的鲜艳的呢？"

"每次我将花采摘下来之后，都会将其泡在清水里，并且及时地为它换水。换水时，还会把花梗剪掉一截，因为花梗在水的浸泡下容易腐烂，一旦腐烂就无法正常地吸收水分和营养。"

"施主，这和在世俗生活中保持清净心难道不是一个道理吗？我们就像是那瓶中花，而我们生活的环境就像是净瓶一样，唯有不断地净化自己的身心，检讨、修正自己的错误，才能获得快乐。"

女施主似懂非懂地问道："谢谢禅师的开示，我很希望能在寺院中过一段禅者的生活，既能够向禅师多多请教，又可享受晨钟暮鼓和菩提梵唱的宁静。"

无德禅师道："你的呼吸便是梵唱，脉搏跳动就是钟鼓，身体便是庙宇，两耳就是菩提，无处不是宁静，又何必到寺院中生活呢？"

我们每个人的身体都是一座庙宇，呼吸之间就能够感受到禅意的清澄与圆融。

在自然天地之间，有无处不在的禅机妙意。一粒沙尘中包含一方世界，一朵野花中蕴藏一个天堂，生命中缺少的不是风景，而是一双发现美丽风景的眼睛。道理是如此平常，关键是我们有没有用像孩童一般的单纯心灵来体悟。

一切世间的学问、智慧、思想，一切世间的事，都可以使你悟到般若在哪里——到处都是。在看花中能悟道，在风景中也能成佛。

平凡生命不平庸

星云禅话

世间生命多种多样，有天上飞的，有水中游的，有陆上爬的，有山中走的；所有生命，都在时间与空间之流中兜兜转转。生命，总以其多彩多姿的形态展现着各自的意义和价值。

“生命的价值，是以一己之生命，带动无限生命的奋起、活跃”，智慧禅光在众生头顶照耀，生命在闪光中见出灿烂，在平凡中见出真实。所以，所有的生命都应该得到祝福。

禅林雅苑

“若生命是一朵花就应自然地开放，散发一缕芬芳于人间；若生命是一棵草就应自然地生长，不因是一棵草而自卑自叹；若生命不过是一阵风则便送爽；若生命好比一只蝶，何不翩翩飞舞?”梁晓声笔下的生命皆有一份怡然自得、超然洒脱。

芸芸众生，既不是翻江倒海的蛟龙，也不是称霸林中的雄狮，我们在苦海里颠簸，在丛林中避险，平凡得像是海中的一滴水、林中的一片叶。海滩上，这一粒沙与那一粒沙的区别你可能看出？旷野里，这一抔黄土和那一抔黄土的差异你是否能道明？

每个生命都很平凡，但每个生命都不卑微，所以，真正的智者不会让自己的生命陨落在无休无止的自怨自艾中，也不会甘于身心的平庸。

你见过在悬崖峭壁上卓然屹立的松树吗？

它深深地扎根于岩缝之中，努力舒展着自己的躯干，任凭阳光暴晒，风吹雨打，在残酷的环境中它依旧始终保持着昂扬的斗志和积极的姿态。或许，它很平凡，只是一棵树而已，但是它并不平庸，它努力地保持着自己生命的傲然姿态。

有这样一个寓言，让我们懂得：每个生命都不卑微，都是大千世界中不可或缺的一环，都在自己的位置上发挥着自己的作用。

一只老鼠掉进了一只桶里，怎么也出不来。老鼠吱吱地叫着，它发出了哀鸣，可是谁也听不见。可怜的老鼠心想，这只桶大概就是自己的坟墓了。正在这时，一只大象经过桶边，用鼻子把老鼠吊了出来。

“谢谢你，大象。你救了我的命，我希望能报答你。”

大象笑着说：“你准备怎么报答我呢？你不过是一只小小的老鼠。”

过了一些日子，大象不幸被猎人捉住了。猎人用绳子把大象捆了起来，准备等天亮后运走。大象伤心地躺在地上，无论怎么挣扎，也无法把绳子扯断。

突然，小老鼠出现了。它开始咬着绳子，终于在天亮前咬断了绳子，替大象松了绑。

大象感激地说：“谢谢你救了我的性命！你真的很强大！”

“不，其实我只是一只小小的老鼠。”小老鼠平静地回答。

每个生命都有自己绽放光彩的刹那，即使一只小小的老鼠，也能够拯救比自己体型大很多的巨象。故事中的这只老鼠正是星云大师所说的“有道者”，一个真正有道的人，即使别人看不起他，把他看成是卑贱的人，他也不受影响，因为他知道自己的人格、道德，不一定要求别人来了解、来重视。他依然会在自我的生命之旅中将智慧的种子撒播到世间各处。

也许你就像是一朵残缺的花，一片熬过旱季的叶子，或是一张简单的纸、一块无奇的布，也许你只是时间长河中一个匆匆而逝的过客，不会吸引人们半点的目光和惊叹，但只要你拥有自己的信仰，并将自己的长处发挥到极致，就会成为成功驾驭生活的勇士。

一念天堂，一念地狱

星云禅话

生活在凡尘俗世中的人，注定逃不脱世俗的牵绊。与其为外境所困，不如用一颗宁静淡泊的心平和对待。

“尽管外在的花花世界是虚虚假假、争权夺名，只要我们内心的世界无风无浪、无花亦无香，自然会有韩愈所说‘与其有乐于身，孰若无忧于心’的知足与自在。”若能得星云大师的这般智慧，定能够成为驾驭生活的熟练舵手，驾驶生命之舟纵情畅游。

禅林雅苑

有一个弟子打坐之时，总觉得有一只五彩斑斓的蜘蛛在自己身上爬来爬去，他常常被惊吓得无法入定，于是他便将这事告诉了禅师。

老禅师递给他一支笔，说：“下次这只蜘蛛再出现时，你把它出现的位置画下来，这样才可以知道它从何而来，才能想办法驱逐。”

当这名弟子再次打坐时，蜘蛛又出现了，他标下蜘蛛的位置，急匆匆地找到禅师。

老禅师指着弟子画的圈，问道：“难道你还不知它从何而来?”

弟子低头一看，只见这个圈正画在自己心的位置。

五色蜘蛛，不在别处，只是源于自己内心的妄念，因而由心所生。佛经上说，“心净则国土净”，心中澄明，则处处是净土；心中有碍，则处处是地狱。

正如星云大师所言：“我们的心，每天都是上天堂、下地狱，来来回回周游。顺心如意，欢喜得意，便是天堂；恶念纷飞，受挫忧悒，即地狱。”

日本明治时代有一位著名的南隐禅师，他境界很高，常常能用一两句话给人以深刻的点拨，很多人慕名而至，前来问佛参禅。

有一天，有一位官员前来拜访，请南隐禅师为他讲解何谓天堂、何谓地狱，并希望禅师能够带他到天堂和地狱去看一看。

南隐禅师面露鄙夷之色，细细打量了他一番，然后问道：“你是何人?”

官员说：“在下是一员武将。”

南隐禅师哈哈大笑，并用很刻薄的语言嘲笑道：“就你这一副模样，居然也敢称自己是一名将军！真是笑死人了！”

官员大怒，立刻让身边的差役棒打南隐禅师。南隐禅师跑到佛像之后，露出头来对着官员喊：“你不是让我带你参观地狱吗？看，这就是地狱!”

官员顿时明白了南隐禅师所指，心生愧疚，并被南隐禅师的智慧所折服，于是走到禅师面前，恭恭敬敬地低头道歉。

南隐禅师笑着说：“看啊，这不就是天堂了吗?”

在听到南隐禅师的辱骂之后，这名官员尚未思考禅师的用意便勃然大怒，一念之间，便坠入了地狱；反之，当他以坦然平和的心境对待所发生的事情时，天堂也就在眼前了。这正是一念天堂，一念地狱。

星云大师在《留一只眼睛看自己》中说道：“天堂、地狱，唯在一心。可以海阔天空，也可以坐困愁城，可以自在生活，也可以扰攘终日，是天堂，是地狱，完全在于自己的选择。”而这种选择也决定了一个人将成为快乐生活的主人还是忧愁烦恼的奴隶。

你是选择成为一名智者，还是一名痴人呢?

第二章　做幸福人，一池落花两样情

众生皆在红尘中颠倒，以至认为幸福不可企及。星云大师却带着池边观落花的闲散心情，告诉我们幸福其实是一件简单的事情：每天说一些欢喜的话，化解自己的悲伤；每天做一些利人的事，将快乐与他人分享；每天谈一些益智的事，增长自己的智慧；每天审视圣者的慈像，增加心灵的善美。

痴迷的人总以为幸福在遥远的彼岸，其实，在大师眼里，闲池边的落花也有幸福的味道。

谦虚与伟大最近邻

星云禅话

如何保持谦虚？星云大师提示众生，要做到“少傲多谦”，即做人要谦虚，太自满、太傲慢，都会让人看不起，谦虚的人才会受尊敬；要做到“少拒多容”，泰山不辞每一粒尘土才能成其大，所以，能够少拒多容，才会增加福报。

海纳百川，有容乃大。海成其大的最根本原因，恐怕也在于它始终处在最低处，陆地上的江河流水才能顺势流向海洋。

大海本在最低处，而我们每个人，也只有改变向下看的视角，抬头仰望峰顶，才能攀上更高的山峰。

禅林雅苑

达·芬奇曾在《笔记》中感叹道：“微少的知识使人骄傲，丰富的知识则使人谦逊，所以空心的谷穗高傲地举头向天，而充实的谷穗低头向着大地，向着它们的母亲。”

满招损，谦受益。骄傲自满是我们前进中的绊脚石，它就像有色眼镜一样，使我们看不到别人的闪光点，自以为是、止步不前。骄傲自大的人会在自己与外界之间树起一道无形的“城墙”，使自己与外界产生隔膜，从而变得狭隘、自私、目中无人，如井底之蛙，看不到更广阔的世界。

星云大师也曾说过："愈是成熟的麦穗，头垂得愈低。成熟的果实，开花可以向上，结果却都是向下。"有了成就，谦虚更该如影随形，因为谦虚的态度，才能使人永远保持正确的前进方向，才能一步一步更接近胜利的巅峰。

一个容器若装满了水，稍一晃动，水便会溢出来。一个人若心里装满了骄傲，便很难听取别人的忠告，吸取别人的经验，接受新的知识。长此以往，必定故步自封，或止步不前，或猝然受挫。其实，人们不应为自己已有的知识和成绩感到骄傲，容器的容量是有限的，心胸却可以扩展到无限。人们若能谦虚处世，即使将自己摆在最低处，实际却与伟大更加接近。

从前，有一个学僧在无德禅师座下学禅。刚开始时，他非常专心，学到了不少东西。一年之后，他自以为学得差不多了，便想下山去云游四方，禅师讲法的时候他什么都听不进去，还常常表现出不耐烦的样子。无德禅师把这些全看在了眼里。

这天，无德禅师决定问清缘由，他找到学僧问道："这些日子，你听法时经常三心二意，不知是何原因？"

学僧见禅师已识透他的心机，便不再隐瞒什么，对禅师说："老师，我这一年来学的东西已经够了，我想去云游四方，到外面去参禅学道。"

"什么是够了呢？"禅师问。

"够了就是满了，装不下了。"僧人认真地回答。

禅师随手找来一个木盆，然后装满了鹅卵石，对学僧说道："这一盆石子满了吗？"

"满了。"学僧毫不含糊地答道。

禅师又抓了好几把沙子撒入盆里，沙子漏了下去。

"满了吗？"禅师又问道。

"满了！"学僧还是信心十足地答道。

禅师又抓起一把石灰撒入盆里，石灰也落到石子缝隙里不见了。

"满了吗？"禅师再问。

“好像满了。”学僧有些犹豫地说。

禅师又顺手往盆里倒了一杯水下去，水也落到石子缝隙里不见了。

“满了吗?”禅师又问。

学僧没有说话，跪拜在禅师面前道：“老师，弟子明白了!”

学到一点东西就不可一世、盲目骄傲是可笑而且可怜的，一颗谦虚的心正如那盛了石子、沙子、石灰及水的木盆，总是能放下更多的东西，人生也才能在日积月累中向上提升。所以，只有谦虚的人，才能够成为真正的智者。

轻如尘埃，也不必妄自菲薄

星云禅话

“一扇小小的窗户，可以射进阳光；一颗小小的星星，可以照亮夜空；一朵小小的花朵，可以满室芬芳；一件小小的善行，可以扭转命运；一点小小的微笑，可以传达情意；一句小小的慰言，可以安慰苦难。”所以，小不可轻。

星云大师十分推崇“小”的意义：“小，不一定无用，小的威力其大无比。所以，小人物不要自怨自艾，不要感叹自己的渺小。小小的星火可以燎原，人都有一颗小小的心灵，只要发心立愿，成佛都可以，人间事还有什么是不可为的呢?”

即使只是阳光下一粒小小的尘埃，也能够拥有最美丽的飞翔姿态，应该让每一次的飞翔，都在蓝天白云的映衬下释放出幸福的味道。

禅林雅苑

你见过在阳光下飞扬的尘埃吗?

你见过屋檐上滴滴答答落下的水珠吗?

你见过在地上爬来爬去的蝼蚁吗?

与这茫茫宇宙相比，它们太过微小，甚至可以忽略不计，但是，它们却往往能够创造令人惊叹的奇迹。

尘埃汇聚，可成山峰；水滴虽小，足以穿石；蝼蚁卑微，却能溃堤。

这样的生命，难道不值得我们仰视？这样的生命，难道不该有一份属于自己的自信与自尊？

有个人为南阳慧忠国师做了二十年侍者，慧忠国师看他一直任劳任怨、忠心耿耿，所以想要对他有所报答，帮助他早日开悟。

有一天，慧忠国师像往常一样喊道："侍者！"

侍者听到国师叫他，以为慧忠国师有什么事要他帮忙，于是立刻回答道："国师！要我做什么事吗？"

国师听到他这样的回答，感到无可奈何，说道："没什么要你做的！"

过了一会儿，国师又喊道："侍者！"侍者和第一次一样以为禅师唤他有什么事要他帮忙。

慧忠国师又回答他道："没什么事要你做！"这样反复了几次以后，国师喊道："佛祖！佛祖！"

侍者听到慧忠国师这样喊，感到非常不解，于是问道："国师！您在叫谁呀？"

国师看他愚笨，万般无奈地启示他道："我叫的就是你呀！"

侍者仍然不明白地说道："国师，我不是佛祖，而是你的侍者呀！你糊涂了吗？"

慧忠国师看他如此不可教化，便说道："不是我不想提拔你，实在是你太辜负我了呀！"

侍者回答道："国师！不管到什么时候，我永远都不会辜负你，我永远是你最忠实的侍者，任何时候都不会改变！"

慧忠的目光暗了下去。有的人为什么只会应声、被动，进退都跟着别人走，不会想到自己的存在？难道他不能感觉自己的心魂，接触自己真正的生命吗？

慧忠国师道："还说不辜负我，事实上你已经辜负我了，我的良苦用心你完全不明白。你只承认自己是侍者，而不承认自己是佛祖。佛祖与众生其实并没有区别，众生之所以为众生，就是因为众生不承认自己是佛祖。实在是太遗憾了！"

慧忠国师一片苦心，他的侍者却不明白，真是可惜。他能够二十年如一日虔诚侍奉自己尊重的禅师，却从没有正确审视过自己的价值。

在星云大师眼里，做人，认识世界是必要的，而认识自己则更为重要。

这就好比三兽渡河，足有深浅，但水无深浅；三鸟飞空，迹有远近，但空无远近。因此，任何人都不要把神仙看得太虚幻高远，更不必妄自菲薄。

无上功德在于忍

星云禅话

“忍不但是人生一大修养，是修学菩萨道的德目，也是过幸福生活不可或缺的动力。”在谈及幸福人生为何需要“忍耐”时，星云大师这样回答：忍可以化为力量，因为忍是内心的智能，忍是道德的勇气，忍是宽容的慈悲，忍是见性的菩提。忍的含义是如此丰富，自然能够为幸福人生增添更多的滋养。

真正的忍耐不仅在脸上、口上，更在心上，根本不需要忍耐，而是自然就如此，是不需要力气、分毫不勉强的忍耐。人要活着，必须以忍处世，不但要忍穷、忍苦、忍难、忍饥、忍冷、忍热、忍气，也要忍富、忍乐、忍利、忍誉。以忍为慧力，以忍为气力，以忍为动力，还要发挥忍的生命力。

禅林雅苑

有一支刚刚被制作完成的铅笔即将被放进盒子里送往文具店，铅笔的制造商把它拿到了一旁。

制造商说，在我将你送到世界各地之前，有5件事情需要告知：

第一件，你一定能书写出世间最精彩的语句，描绘出世间最美丽的图画，但你必须允许别人始终将你握在手中。

第二件，有时候，你必须承受被削尖痛苦，因为只有这样，你才能保持旺盛的生命力。

第三件，你身体最重要的部分永远都不是你漂亮的外表，而是黑色的内芯。

第四件，你必须随时修正自己可能犯下的任何错误。

第五件，你必须在经过的每一段旅程中留下痕迹，不论发生什么，都必须继续写下去，直到你生命的最后一毫米。

铅笔的一生是充满传奇的一生，它用自己的生命勾勒着世人心中最精致的图画，书写着最温暖的文字，即使在生命渐渐消失的时候，还在创造着新鲜的美丽。但是，它所迈出的每一步，却都踩在锋利的刀刃上，它一生都在忍受着无穷的痛苦。

星云大师认为："忍，是中国文化的美德；忍，也是佛教认为最大的德行。无边的罪过，在于一个嗔字；无量的功德，在于一个忍字。"充实的生命，幸福的人生，需要能够忍受寂寞，忍受他人的恶意羞辱，忍受生活的磨炼，在忍耐中坚强，在坚强中成长。

山里有座寺庙，庙里有尊铜铸的大佛和一口大钟。每天大钟都要承受几百次撞击，发出哀鸣，而大佛每天都会坐在那里，接受千千万万人的顶礼膜拜。

一天深夜里，大钟向大佛提出抗议说："你我都是铜铸的，你却高高在上，每天都有人向你献花供果、烧香奉茶，甚至对你顶礼膜拜。但每当有人拜你之时，我就要挨打，这太不公平了吧！"

大佛听后思索了一会儿，微微一笑，然后，安慰大钟说："大钟啊，你也不必艳羡我，你知道吗？当初我被工匠制造时，一棒一棒地捶打，一刀一刀地雕琢，历经刀山火海的痛楚，日夜忍耐如雨点落下的刀锤……千锤百炼才铸成佛的眼耳鼻身。我的苦难，你不曾忍受，我走过难忍能忍的苦行，才坐在这里，接受鲜花供养和人类的礼拜！而你，别人只在你身上轻轻敲打一下，就忍受不了，痛得不停喊叫！"

大钟听后，若有所思。

忍受艰苦的雕琢和捶打之后，大佛才成其为大佛，钟的那点捶打之苦又算什么呢？忍耐与痛苦总是相随相伴，而这样的经历，却总是能够将人导向幸福的彼岸。

当寺庙中的大钟依然每天承受着撞击和捶打时，故事中的那支铅笔，究竟勾勒出了怎样动人的线条呢？

存平常心，做非常人

星云禅话

星云大师认为，平常心是一种透析世情、了悟人生的智能，能以平常心处世，自能“超然物外见真章”。而平常心所包含的内容主要有4点：第一，失意事来，治之以忍；第二，快心事来，处之以淡；第三，荣宠事来，置之以让；第四，怨恨事来，安之以退。

“对境无贪妄，是名平常心。”保持平常心，保持真我，方能成就脱俗的自我。

禅林雅苑

宋代无门慧开禅师曾作《颂》诗曰：“春有百花秋有月，夏有凉风冬有雪。若无闲事挂心头，便是人间好时节。”这种怡然自得的心境，这种日日是好日的洒脱超逸，不正是星云大师所言的平常心吗?

保持一颗平常心，做到无为、无争、不贪、知足，保持对名利的淡泊心，对屈辱的忍耐心，对他人的仁爱心，做好每天当做之事，享受每一件事情带来的快乐，自然会有足够的力量来承担生活中永恒存在的挫折和痛苦，也自然能够获得更纯粹的幸福。

面对人生，我们要选择闲看云卷云舒、花开花落的心境，选择一种从容自在的人生态度，既要正视生活中的悲欢离合，做到宠辱不惊，也要正确定位自己的人生坐标，做到自在随意。

曾会学士与珊禅师是多年的好朋友。有一次，学士外出偶然遇到了雪窦禅师，于是他就写了封介绍信给雪窦，让他到灵隐寺去找珊禅师，告诉他珊禅师一定会照顾他的。雪窦禅师欣然接受，然后拜别，云游去了。

这一别就是三年。一次，曾会学士因为公事，来到了灵隐寺。他突然想起了三年前曾介绍过雪窦禅师来这里，于是便问珊禅师："雪窦禅师现在怎么样了？"

珊禅师疑惑地说："没有这个人呀！是不是搞错了？"

曾会学士说："怎么会错呢？我亲自介绍他来的！"

珊禅师十分为难，派人在寺中的上千僧众中寻找了个遍，可是找了一上午，也没有找到这个人。

曾会学士说："你还记得拿我介绍信的那个人吗？"

珊禅师摇摇头说："没有啊！我从来没有收到过你写的介绍信呀！"

珊禅师看学士那么着急想找到这个人，便和学士一起去找，可是找遍了每一个地方，就是不见雪窦禅师的踪影。直到天快黑的时候，才在一个很破的屋子的角落里找到了正在打坐的雪窦禅师。

曾会学士欢喜地喊道："雪窦禅师！"

雪窦见是曾会学士，也感到十分惊喜，他与珊禅师各自作礼。珊禅师一见雪窦禅师，就看出他将来一定会有不一般的造化。

各自寒暄了一阵，曾会学士问道："三年前，我亲笔写的介绍信你给弄丢了吗？为什么不给珊禅师看呢？害得你住这样的房子！"

雪窦禅师从衣袖里取出原封未动的介绍信还给曾会，说道："我只是一个云游的和尚，没有什么渴求，为什么要请人介绍呢？"

雪窦禅师保持着这样的平常心：坚信只要自己努力，就不会被埋没，因而从未将自己置于某种特殊的位置。他保持着最本真的自我，也在这种平静与坦然中成就了非凡的人生价值。在雪窦禅师心中，自己只是一名云游僧，无欲也无求，挣脱世俗的诱惑，抛却名利的纷扰，虽默默无闻却终成正果。

很多人在春风得意时都容易喜形于色，在沾沾自喜中迷失自我。能够始终保持低调的行事作风的人却总是少数，他们在任何情况下都不显山露水，却往往能在“不显不露中出头”，这才是智者的幸福哲学。

生命仿若不系舟

星云禅话

真正幸福的人生，难以圆满。在星云大师眼中，有苦有乐的人生是充实的，有成有败的人生是合理的，有得有失的人生是公平的，有生有死的人生是自然的。

“喜欢月圆的明亮，就要接受它有黑暗与不圆满的时候；喜欢水果的甜美，也要容许它通过苦涩成长的过程”，人生总是“一半对一半”，在人生的乐、成、得、生中，包容不完美，才是真正完整的幸福。

禅林雅苑

“岂无平生志，拘牵不自由。一朝归渭上，泛如不系舟。”白居易曾在《适意》中这样表达过自己对自由生命的向往之情。自古以来，失意的文人墨客常常寄情于山水之间，希望能在游玩嬉戏的飘逸洒脱中陶冶性情，驱除烦恼。

闲来寄情山水，春鸟林间，秋蝉叶底，淙淙流水过竹林；四山如屏，烟霞无重数，荒径飞花桥自横。这般景象，可谓完美。

很多人都执著于追求完美的人生，凡事要求完美固然很好，以示精益求精，更上一层楼，但星云大师却不断地给世人以警醒：有的人因小小的缺陷而全盘否定人生的意义，有的人因为小小的遗憾而将手中的幸福全部放弃，这样追求完美，有时反而因噎废食，流于吹毛求疵，这无论是对于自己还是对于他人，都是一种不必要的辛苦。真正幸福的人生，本来就有缺陷，在追求完美人生的同时，要能够认清人生实相。

人生实相，就如这只飘摇的生命之舟，无所牵系，却有各种承载。

一只飘摇的生命之舟，从时空的长河中缓缓驶来。

舟中有一个刚刚诞生的生命，他不会说、不会笑、不会跳、不会闹，也不会思考，他只是沉睡着，远处传来一个声音："你从何处来？要到何处去？"

刚诞生的小生命重复道："我从何处来？要到何处去？"

生命之舟在时空的长河中默默前行。忽然，又传来一个声音："等一等！我们想与你一同旅行，请载我们同去！"随着声音传来的方向看去，只见痛苦与欢乐、爱与恨、善与恶、得与失、成功与失败、聪明与愚钝，手拉着手游向生命之舟。

痛苦从左边上了船，欢乐从右边上了船；爱从左边上了船，恨从右边上了船……待这些人生的伴侣们进到了船舱，这只飘摇的生命之舟顿时沉重了许多，舱中的气氛顿时活跃了，哭声和笑声接连从舟中传出来。

忽然，又一个喊声传来："等一等，等一等，还有我们。"众人寻声望去，只见清醒与糊涂、路人与朋友双双携手游来。清醒从左边上了船，糊涂却迟迟不肯上去。路人从左边上了船，朋友也迟迟不肯上去。

"喂！怎么回事？朋友！糊涂！你们快上来呀！"一个声音招呼着他们。"不！除非糊涂先上去，我才会上去！否则，生命是容不下我的！"朋友说。"不！我也不想上去，我知道我是不受欢迎的！"糊涂说。"请上船吧，糊涂！你知道你在我的一生中多么重要吗？我要得到朋友，首先要得到你，我要成就一番事业，没有你也是万万不行的。"船中的生命呼唤着。

于是，糊涂犹犹豫豫地上了船，朋友紧跟着也上去了。飘摇的生命之舟，在时空长河中满载着前行。

这时，后面又传来了呼唤声："等一等我，别忘了我！我一直在追随着你哪！"这是死亡的呼喊。

在死亡的追赶下，生命之舟一路向前。显然它不肯为死亡停驻，不知是装作没有听见死亡的呼喊，还是不愿听见死亡的声音，但无论如何，死亡依然紧紧地跟在它的后面，寸步不离。这只飘摇的生命之舟，必须满载着痛苦与欢乐、爱与恨、善与恶、得与失、成功与失败、聪明与愚钝，在人生的得意与失意间破浪前行。

凭山临海不系舟，山水系不住生命之舟，个人的心愿意志也系不住，它有着自我的轨迹，我们只能将其圆满，却不能彻底改变。若想在这茫茫旅途中获得真实的幸福，唯有认清并接受生命中必然存在的缺陷。

第三章 做快活人，境不转心转

山不转，路转；路不转，人转；人不转，境转；境不转，心转。人生在世不过数十年寒暑，人人都是过客。有的人活得认真，有的人活得随缘。如星云大师一般，做个快活的弥勒，不必太较真，也不要太随便。在所有环境中随遇而安，匆匆而逝的岁月也有别样的精彩。

剪掉心中的死结

星云禅话

虽然境由心造，但是很多人常常被外境所困，以至于心也常常被困在围城之中。

“我们平常看山、看水、看花、看草、看人、看事，看尽男男女女，看尽人间万象，却很少人‘看心’。”所以，星云大师告诫众人：“尽管我们看尽了世界上的美景奇观，却看不到自己的‘心’。心是我们自己的，明心见性，才能找到自己。”

看清自己的心，才能找到症结所在，剪掉心中的死结，走出人生的围城，达到心神的通畅。

禅林雅苑

常常爬山的人，都知道“山不转路转，路不转人转”的道理，禅宗中也有类似的情形。“人不转境转，境不转心转”，境由心生，心乃画师，能画诸世间万般景象。

“芭蕉叶上无愁雨，只是听时人断肠”，心外阳光明媚、鸟语花香时，内心却可能愁云密布，甚至没有任何阳光可以照进的缝隙。快乐时，“绿杨烟外晓寒轻，红杏枝头春意闹”；失意时，“泪眼问花花不语，落红飞过秋千去”。

人生不如意事十之八九，在必要时采取适当的方法剪掉心中的死结，才能够获取更广阔的心灵空间。

阳春三月，弟子们坐在禅师周围，等待着师父告诉他们人生和宇宙的奥秘。

禅师一直默默无语，闭着眼睛。突然他向弟子问道：“怎么才能除掉旷野的草？”弟子们目瞪口呆，没想到禅师会问这么简单的问题。

一个弟子说：“用铲子把杂草全部铲掉！”禅师听完微笑地点头。

另一个弟子说：“可以一把火将草烧掉！”禅师依然微笑。

第三个弟子说：“把石灰撒在草上就能除掉杂草！”禅师脸上依然带着微笑。

第四个弟子说：“他们的方法都不行，那样不能除根的，斩草就要除根，必须把草根挖出来。”

弟子们讲完后，禅师说：“你们讲得都很好，从明天起，你们把这片草地分成几块，按照自己的方法除去地上的杂草，明年的这个时候我们再到这个地方相聚！”

第二年的这个时候，弟子们早早就来到这里。原来的杂草已经不见了，取而代之的是金灿灿的庄稼。弟子们在过去的一年时间里用尽了各种方法都不能除去杂草，只有在杂草地里种庄稼这种方法取得了成功。他们围着庄稼地坐下，庄稼已经成熟了，可是禅师已经仙逝了。那是禅师为他们上的最后一堂课，弟子们无不流下了感激的泪水。

要除掉心中的杂草，最好的方法不是用蛮力与之相抗，而是在心中播撒下新的种子，用新鲜生命饱满的热情来抗衡杂草的韧性。心中的死结往往就像杂草一样，有着极强的生命力，外力通常只能改变它们的生长轨迹，却不能完全将之从自己的生命中驱逐。

时刻不忘清理自己的心灵后花园，生命必将绽放出无比耀眼的光彩。

心灵是花园，需要我们时时耕锄。这个花园中有秽土，也有净土，所以不可能永远保持快乐与清净。只要是花园，就会生长杂草，四处蔓延。

作为自我心灵的园丁，我们绝不能放任杂草丛生，占尽花木所需的阳光雨露，否则这座花园就会成为人生困顿的围城，而及时修剪，求得和谐美好的内心环境，围城之中也能过自在人生。

心灵是一座花园，做自己心灵的勤劳园丁，在心中播下真爱和智慧的种子，就会收获充实快活的人生。

善意如禅钥，开启快乐法门

星云禅话

岁月像一把刻刀，刀柄就握在自己手中，想要雕琢出怎样的生活，刻画出怎样的人生之路，要看一个人如何在生命之中行走。与漫漫的人生长路相比，每个人都是彼此生命中的过客，虽然不能相伴终生，但每个人都可能成为自己心灵的导师、相交的挚友、灵魂的依靠。

所以，在和他人的交往中，须谨言慎行，与人为善，哪怕一个笑容，有时候也可以改变人的命运。

星云大师说，给人一个微笑，对方很欢喜，就会有好缘分。

禅林雅苑

微笑，是一朵绽放在脸上的蓓蕾，它植根于人的美好心灵中，闪烁着善良与智慧的光芒；微笑，是一个人最好的通行证，它引导我们告别冬日的寒夜，迎来春天的暖阳。

微笑像一杯清水，滋润我们干涸的心灵；像一缕阳光，驱散我们心头的冷漠；像一杯冰茶，赶走燥热，带来清新。

20 世纪 30 年代，当战争从欧洲横扫世界时，曾经有一位犹太传教士，因为一个微笑，改变了自己和家人的命运。

这位传教士居住在一个僻静的乡村里，每天清晨，他都会到乡间的小路上散散步。他是一个非常开朗的人，虽然当地的居民对传教士、对犹太人尤其冷漠，但是无论见到任何人，他都会热情地打个招呼，“嗨，早安”，同时报以真诚的微笑。

在他常常碰到的人中，有一个年轻的农民，名叫米勒。米勒为人孤僻，很少与别人说话，但无论米勒表现得多么冷漠，甚至有几分不耐烦的情绪，传教士依然保持着自己的热情，每次见到米勒都会热情地问好。终于有一天，当两个人再次在乡间的小路上相遇时，米勒脱下自己的帽子，微微弯下腰，也向传教士道了一声“早安”。

几年以后，纳粹党上台执政了。

纳粹分子集中了村中所有的人，要将其中的“危险分子”送往集中营。全村人依次从纳粹军官的面前走过，然后被分到左右两侧，被分到左侧的人只有死路一条，而被分往右侧的人还有生还的微小希望。

很快，传教士被两名士兵带到了指挥官面前。他绝望地抬起头，与指挥官的目光刹那间相遇了，他习惯性地露出微笑，说道：“早安，米勒先生。”

此时的米勒已经成为纳粹军队的高级指挥官。米勒愣了一下，然后表情发生了一些微妙的变化，低声地回应道：“早安。”

最后，传教士以及他全家人都被分到了右侧的队伍。

某些时候，一个微笑，真的可以改变人的命运。热情的问候，温馨的笑容，不知不觉间，就已经将善意的种子种在了他人的心田。

不要低估了一句话、一个微笑的作用，它很可能成为开启幸福之门的一把钥匙，成为照亮暗夜的一盏明灯。

英国有句谚语：“一副好的面孔就是一封好的介绍信。”面对他人，自然而然流露出的微笑既能展现自己的友好、热情，更能显示一个人的自信、教养，以及积极的人生态度，从而在对方的心灵中投射下一束温暖的阳光。

用微笑点亮人生

星云禅话

与人相处时，善意的开始必然带来快乐融洽的结果。星云大师始终相信，面带微笑，心存真诚，两人相对的第一个瞬间，必定能传达出最友好的信号。

“当我们面带微笑，看在对方的眼中，那个微笑是发光的；当我们口出赞叹，听在对方的心底，那句赞美是发光的；当我们伸手扶持，受在对方的身上，那温暖的一握是发光的；当我们静心倾听，在对方的感觉里，那对耳朵是发光的。”这是一种神奇的精神力量，能够化腐朽为神奇，帮助我们化解一切困难。

禅林雅苑

生活中，许多人认为，微笑着面对每一个人是件很困难的事，实际并非如此。只要你平时多对自己说：“我想做一个快乐的人，我喜欢微笑。”你就肯定能做到这一点。

当我们微笑时，微笑的面庞总是真挚动人的，温情洋溢，宛如和煦的阳光洒在心间。当我们一路朝着它所在的方向走去的时候，其他的忧愁和烦恼都会被渐渐地抛在身后的阴影里。星云大师认为，微笑能够使烦恼的人得到解脱，使疲劳的人得到安适，使颓唐的人得到鼓励，使悲伤的人得到安慰。

有一个人常常觉得生活没有任何意义，除了悲伤就是烦恼，所以，他渐渐地越来越颓废、越来越忧郁。

一天，他听说在远方的深山里有一位得道高僧，能够帮人答疑解惑，便跋山涉水地寻到这座寺庙，向老禅师请教解脱之法。

忧郁者问："禅师，我究竟应该怎么做，才能够摆脱这悲观痛苦的深渊，得到充实而轻盈的快乐呢?"

禅师回答："微笑，对自己微笑，也对他人微笑。"

忧郁者仍然困惑，又问："可是我没有微笑的理由啊！生活如此艰辛，我为什么要微笑呢?"

禅师略微思索了一下，说："第一次微笑是不需要理由的，你只要尽情地绽放自己的笑容就可以了。"

"那么第二次、第三次呢？一直都不需要理由吗?"

"不要担心，到第二次、第三次的时候，微笑的理由就自己来找你了。"

忧郁者踏上了返乡的归程。

不久以后，寺中来了一位快乐的年轻人，他径直来到老禅师的禅房外，轻轻地敲了敲门，说："禅师，我回来了。"他的声音中充满了快乐。

老禅师并未打开门，便在屋内问道："你找到微笑的理由了吗?"

"找到了！"年轻人兴奋地说。

"那么，你是在哪里找到它的呢?"

"当我第一次对来向我借东西的邻居微笑的时候，他同样给了我一个微笑，那一刻，我突然发现天空是那么辽阔，空气是那么清新！第二次，当我走在路上被一个人撞到时，我并没有愤怒，而是送给他一个微笑，我得到了他发自内心的歉意和感谢，那是人世间多么美好的情感！第三次，当我把微笑送给在草地上玩耍的孩子时，他们拉着我加入了他们游戏的队伍……我不再吝啬自己的笑容，我把它们送给路上的陌生人，送给街边休息的老人，甚至送给曾经羞辱过、欺骗过、伤害过我的人，在这个过程中，我收获了许多，这里面有赞美、感激、信任、尊重，也有某些人的自责和歉意。这些让我更加自信、更加愉快，也更加愿意付出微笑。”

“你终于找到了微笑的理由。”禅师轻轻地推开房门，微笑着对他说，“假如你是一粒微笑的种子，那么，他人就是土地。”

微笑，是一股清新的风，驱散夏日里无奈的烦躁；微笑，是一缕和煦的阳光，为在寒冷中煎熬的人们带来力量和勇气；微笑，是新春原野上的芳草，袒露着鲜活和蓬勃；微笑，是金秋时节熟透了的果实，展示着芳香和甘甜。

微笑，是洒向人间的爱意，向世界吐露芬芳的真诚。你的笑靥虽不能倾国倾城，但只要是发自肺腑，平常而又自然，也足以使人感到无限的惬意和温馨。

微笑，是世间最美丽的表情，它代表了友善、亲切、礼貌与关怀。不会笑的人，仿佛身旁的空气都郁闷得难以流动，待久了是会让人窒息的。长得不美，笑得也不好看，这没关系，要紧的是，你是否真心诚意地展颜一笑，送给每一位与你擦身而过的熟悉抑或陌生的人。

在现实生活中，千万不要吝啬你的微笑。

皆大欢喜，才是真的快乐

星云禅话

与人相处需要智慧，所以人们常常说：“做人难，难做人，人难做!”

在红尘中与人相处，既要不失礼貌、不失风度，又要让人欣赏、让人赞美、让人接受，这需要一定的方法。

星云大师曾作四句偈语，以供众生参考：“见面三句话，相逢应问好，交谈要微笑，口角一回合。”

禅林雅苑

人与人相处，难免会发生冲突，一旦起了争执，切记口角之争最多“一回合”，不要一味地辩论争吵，各自退让一步自然海阔天空，才能得到皆大欢喜的快乐。

天刚破晓，朱友峰居士兴冲冲地抱着一束鲜花及供果，赶到大佛寺想参加寺院的早课。谁知才踏进大殿，左侧突然跑出一个人，正好与朱友峰撞个满怀，将朱友峰捧着的水果撞翻在地。朱友峰看到满地的水果，忍不住叫道：“你看！你这么粗莽，把我供佛的水果全部撞翻了，你怎么给我一个交代?”

这个匆匆跑出的人叫李南山，他非常不满地说道：“撞翻已经撞翻，我说一声对不起就够了，你干吗那么凶?”

朱友峰非常生气道：“你这是什么态度?自己错了还要怪人!”接着，彼此咒骂，互相指责的声音此起彼落。

广圄禅师正好从此经过，就将两人带到一旁，问明原委，开示道：“莽撞的行走是不应该的，但是不肯接受别人的道歉也是不对的，这都是愚蠢不堪的行为。能坦诚地承认自己过失及接受别人的道歉，才是智者的举止。”

广圄禅师接着又说道：“我们生活在这个世界上，必须协调的生活层面太多了，例如：在社会上如何与亲人、朋友取得协调；在教养上，如何与师长们取得沟通；在经济上，如何量入为出；在家庭上，如何培养夫妻、亲子的感情；在精神上，如何选择自己的生活方式，各方协调了，才不会辜负我们可贵的生命。想想看，为了一点小事，一大早就破坏了一片虔诚的心境，值得吗?”

李南山先说道：“禅师！我错了，刚才我实在太冒失了!”说着便转身向朱友峰道：“请接受我至诚的道歉！我实在太愚痴了!”朱友峰也由衷地说道：“我也有不对的地方，不该为一点小事就发脾气，实在太幼稚了!”

广圄禅师的一番话，感动了这两位争强好斗之人。

在与人的相处中，莫让一些小事情影响了我们一天的好心情，即使偶尔发生争执，也应该及时化解，两个人的微笑总比两个人的愤怒更加珍贵。

恶言相向不如善言以对，当你用温和的语言对待他人时，别人也一定会以同样的态度来对你做出回馈。

发自内心的美好语言，总会带给别人更多的快乐，也带给自己更多的便利。一个聪明人，应该懂得交往的智慧，在与人相处时追求皆大欢喜的结局，这样的快乐才会更加持久、更加芬芳。

在生命的直行道上转弯

星云禅话

“人生的道路，有时候要直行才能到达目标，有时候要转弯才能达到目的。应该直行的时候你不直行，这是错失良机；遇到转弯的时候你不转弯，这是不懂得回头是岸。”人们常常执著于某种念头，不到黄河心不死，却往往忽视了人生的道路上本就有很多的岔路口，适当的转弯也许能够带来更加美丽的风景。

在星云大师看来，所谓“方便有多门，归元无二路”，在人生的路上，只要能达到目的，何必非要执著于一条路走到底呢?

禅林雅苑

有两个不如意的年轻人，一起去拜望一位禅师。“师父，我们在办公室被人欺负，太痛苦了，求您开示，我们是不是该辞掉工作?”两个人一起问道。禅师闭着眼睛，隔半天，吐出五个字：“不过一碗饭。”然后挥挥手，示意年轻人退下了。

回到公司，一个人递上辞呈，回家种田，另一个却留下了。日子过得真快，转眼10年过去了。回家种田的，以现代方法经营，加上品种改良，居然成了农业专家。另一个留在公司里的也不差，他忍着气、努力学，渐渐受到器重，后来成为经理。

有一天，两个人相遇了，互相谈论过自己的近况之后，不由得感叹起来。

“奇怪！师父给我们同样‘不过一碗饭’这5个字，我一听就懂了，不过一碗饭嘛！日子有什么难过？何必非待在公司？所以辞职。”农业专家问另一个人：“你当时为什么没听师父的话呢？”

“我听了啊！”那经理笑道，“师父说‘不过一碗饭’，多受气、多受累，我只要想‘不过为了混碗饭吃’，老板说什么是什么，少赌气、少计较，就成了！师父说的不正是这个意思吗？”

大惑不解中，两个人又去拜望禅师，禅师已经很老了，仍然闭着眼睛，隔半天，答了五个字：“不过一念间。”然后，挥挥手……

在相同的指引下，两个年轻人各自寻找到了不同的生活方式，一个选择继续直行，在原来的公司得到升职，成为经理；而另一个则选择了在原来的道路上转个弯，从别处寻觅自己生命的价值所在。

“不过一念间”，看上去他们都摆脱了原来不如意的状态，获得了快乐，但是细细品味，两人的心境仍旧有着很大的差别：农业专家彻底从原来“难过”的日子中解脱了出来，重新给自己做出了定位；另外一个年轻人看似洒脱，实则仍然处于被动中，只不过他自己也已将那种无奈的心情屏蔽在了个人意识之外。

在禅宗的无上智慧中，转弯是一种高妙的艺术。所谓殊途同归，若都是为了寻找生命中的快乐与生活的意义，又何必非要走一条路呢？适当转个弯，虽不是绝处逢生，却也能在陌生的地方领略到更美的风景。

“在战场上，有时候要勇敢地向前冲锋，有时也要采取迂回战术；开山辟路，想要达到峰顶，必得有九弯十八拐，不经迂回，不能直上。”在人生的直行路上转个弯，纵然道路崎岖，前途未卜，但曲径通幽处，总是别有洞天。

靠近圣贤才能成为圣贤

星云禅话

“大丈夫争千秋万世的风景，不争一时的风光。”星云大师说：“生命自有其韧性，勇敢地经历岁月寒暑的流迁，承受风霜雨露的考验，就能展现苍劲、瑰丽的生命风采。”

一个人，应该不断陶冶自己的性情，磨炼自己的品性，即使遭遇打击，也要勇敢地挺直脊梁，要能够在世事的磨炼中看到自己的价值。

即使山间层层浮云，也不必畏惧，勇往直前。会当凌绝顶，一览众山小。山巅观景，总是格外开阔。

禅林雅苑

童年时期，星云大师曾写过一篇文章，拿给老师看之后，老师在他的文章下面做了两句批注：“两个黄鹂鸣翠柳，一行白鹭上青天。”星云不解，向老师请教后得知，老师是以黄莺在柳枝上的啼叫，白鹭飞上青天的一声长鸣来形容其文章的“不知所云”。

这样的评语对一个小孩子来说，是很大的打击。但是星云大师并未因这种批评而丧失斗志，只是暗暗地在心里想：“老师不了解我没有关系，总有一天，我会凭借自己的能力让世人了解我。”

几十年后，他不仅为众人所了解，更成为很多人心灵的导师、精神信仰的寄托。

一个真正明智的人必定清楚，若想获得他人的认可与尊敬，必须不断完善自己，站得更高，才能眺望到更远处，而那些处处标榜自己、处处炫耀自己的人，只会成为他人的笑谈。

每一只手都有五根手指，很多事情必须依靠五根手指通力合作才能完成，它们一直相亲相爱、互敬互助。某一天，五根手指却为了争谁是老大而争吵起来。

大拇指说："当人们想要表达'第一'时，都会伸出大拇指以示赞美，而且，我排在最前面，所以，当然我最大了！"

"自古以来，民以食为天，所有人在品尝食物时都会经过我，谁见过有人用拇指品尝味道呢？"食指不甘示弱，继续说道："有时候，我这食指一伸，指向哪个方向，所有人就必须朝向那个方向。所以，当然是我最有用！"

中指不服气地说道："你们仔细看看，五根手指中我最长，我在中间，难道这还不能说明问题吗？"

无名指也很不服气，它不满地说道："虽然我叫'无名'，但无名才是真名，在很多人心目中，我都有着无法替代的意义。你看所有结婚的人都会把钻戒戴到无名指上，所以我是珠光宝气的，而且寄托着人生最重要的承诺和情感，所以我才是最重要的！"

四根手指争得不可开交，小拇指却一直不开口，大家都感到很奇怪。大拇指终于沉不住气了，问道："你为什么不说话呢？"

小拇指说："我最小，而且位置也在最后，哪里能跟你们比呢？"

大家一听，觉得小拇指能够真正认清自己的位置，有几分难得的自知之明。但这时小拇指又开口了："我知道自己很渺小，所以努力地向着圣贤靠近。当人们心存谦卑与恭敬，双手合十面对佛祖时，是我最靠近圣贤。"

五指尚会争大，社会上争做老大的人更是屡见不鲜。虽然五指试图通过确定"排名"来确定自己老大的位置，但星云大师说，真正的老大，不是用身份的高低、排名的先后去衡量的，而是必须有懂得恭敬别人、包容别人的心量。正如故事中的小拇指，以一颗最虔诚的心向圣贤靠近着，在自我完善与包容他人中赢得了真正的智者的位置。

是什么，能够悄无声息地带走满腹烦恼，让你春风满面、乐观生活？

是什么，能够让你从青涩走向成熟，独当一面？

是什么，让你的生命在群星璀璨的夜空中熠熠生辉、光彩夺目？

不是其他，正是自己。当年少的轻狂气息随着岁月的流逝逐渐沉淀，睿智、坦荡、包容、大气的你必将成为众人瞩目的焦点。

第四章　做明白人，留一只眼睛看自己

低头，可以鉴照自性的澄明；退步，才能收获一畦肥美的稻穗，宇宙万有，因为虚空含纳包容。当世人皆向往心外的财富，星云大师却保持着难得的清醒：唯有内心的财富才取之不尽、用之不竭。与其向外寻寻觅觅而不得，不如用心将智慧、忍耐、包容学到手。

身在山中，不识山之面目

星云禅话

人的一生，只和两种人相处，一是自己，二是他人。在星云大师眼中，人生时空本是一个浑融的圆，所以无论自处，还是处人，就像在画圆，以自觉、自度为圆心，以慈悲、利他为半径，所画出来的就是那个人生时空的圆。

要想将这圆画得圆满，最重要的莫过于认识自己。

禅林雅苑

神会禅师前去拜见六祖，六祖问他："你从哪里来？"

神会答道："没从哪里来。"

六祖问："为什么不回去？"

神会答："没有来，谈什么回去？"

六祖问："你把生命带来了吗？"

神会答："带来了。"

六祖问："既有生命，应该知道自己生命中的真相了吧？"

神会答："只有肉身来来去去，没有灵魂往往返返！"

六祖拾起禅杖，打了他一下。

神会毫不躲避，只是高声问：“和尚坐禅时，是见还是不见？”

六祖又杖打了三下，才说：“我打你，是痛还是不痛？”

神会答：“感觉痛，又不痛。”

六祖问：“痛或不痛，有什么意义？”

神会答：“只有俗人才会因为痛而有怨恨之心，木头和石头是不会感觉到痛的。”

六祖说：“这就是了！生命是要超越一切世俗观念，舍弃一切尘想与贪欲的。见与不见，又有什么关系？痛与不痛，又能怎样？无法摆脱躯壳的束缚，还谈什么生命的本原？”

六祖又说：“问路的人是因为不知道去路，如果知道，还用问吗？你生命的本原只有自己能够看到，因为你迷失了，所以你才来问我有没有看见你的生命。生命需要自己把握，何必问我见或不见？”

神会默默礼拜合十。

在神会禅师双手合十的刹那，你是否在一片智慧禅光中看到了自己呢？

如星云大师所言，做人应该做一面镜子，时时刻刻通过对自身的关照来反省，不断加深对自己的认识。而现实中，人们常常“认识诸世间，不能认识自己”，就像“不识庐山真面目，只缘身在此山中”。

一名僧人问智门禅师：“莲花在尚未出水的时候是什么样呢？”

智门禅师回答说：“还是莲花。”

僧人又问：“那出水之后呢？”

智门禅师：“出水之后就变成了荷叶。”

雪窦禅师恰巧从他们二人身边经过，听到他们二人的对话之后作了一首诗：“莲花荷叶报君知，出水何如未出时，江北江南问王老，一狐疑了一狐疑。”

莲花始终是莲花，正如本来清净的人之本性，但若不能正确认识，一疑才解，一疑又生，不能自己解决，反而事事求助他人，必然在疑惑丛生中迷失自我。

当人迷失在对自我的寻找中时，又怎能以一种坦然与平和的心境迎接生命更多的挑战？

做一个明白人，首先要正确地认识并评价自己，既不可自卑，更不能自傲。每个人都是最优秀的，要擦亮眼睛去认识自己、欣赏自己，发现和重用自己，同时又要时刻提醒自己切不可得意忘形，每个人都不过是芸芸众生中的一个，不过是偌大宇宙中的沧海一粟。

到底人要认识自己的什么呢？星云大师为困惑中的众生列举了六点：认识自己的环境，认识自己的能力，认识自己的学识，认识自己的因缘，认识自己的家世，认识自己的志趣。当然，这只是每个人需要了解的一部分而已。认识自我是一个循序渐进的过程，就好像人必须一步一步攀山越岭，从山中走出来，才能在豁然开阔的视野中看清山的本来面目。

找到自己、认识自己，做一个明白人，才能有一个明朗的未来，到耄耋之年，才不至于悔恨，才不会觉得虚度此生。

远看画则美，遥望山更幽

星云禅话

画，远看则美。

山，远望则幽。

思想，远虑则能洞察事物本末。

心，远放则可少忧少恼。

……

在星云大师眼中，某些情境之下，距离是能够产生美的，对名利的疏远尤甚，能够给人带来清明的心智与洒脱的态度。

禅林雅苑

“天下熙熙，皆为利来，天下攘攘，皆为利往。”从古至今，多少人在混乱的名利场中丧失原则，迷失自我，百般挣扎反而落得身败名裂。司马迁说得好：“君子疾没世而名不称焉。”名利本为浮世重，古今能有几人抛？

世间众生，有几人能够在名利面前淡然处之，泰然自若？

“人人都说神仙好，惟有功名忘不了”，这是《红楼梦》里的开篇偈语，这一首《好了歌》似乎在诉说繁华锦绣里的一段公案，又像是在告诫人们提防名利世界中的冷暖，看似消极，实则是对人生的真实写照，即使在数百年后的今天依然如此。世人总是被欲望蒙蔽了双眼，在人生的热闹风光中奔波迁徙，被名利这些身外之物所累。

那些把名利看得很重的人，总是想将所有财富收到囊中，将所有名誉光环揽至头顶，结果必将被名缰利锁所困扰。

一天傍晚，两个非常要好的朋友在林中散步。这时，有位小和尚从林中惊慌失措地跑了出来，他们见状拉住小和尚问："小和尚，你为什么如此惊慌，发生了什么事情？"

小和尚忐忑不安地说："我正在移栽一棵小树，却突然发现了一坛金子。"

他俩听后感到好笑，说："挖出金子来有什么好怕的，你真是太好笑了。"然后，他们就问："你是在哪里发现的，告诉我们吧，我们不怕。"

小和尚说："你们还是不要去了吧，那东西会害人的。"

这两个人哈哈大笑，异口同声地说："我们不怕，你告诉我们它在哪里吧。"

于是小和尚只好告诉他们发现金子的具体地点。他们飞快地跑进树林，果然找到了那坛金子。好大一坛黄金！

一个人说："我们要是现在就把黄金运回去，不太安全，还是等到天黑以后再运吧。现在我留在这里看着，你先回去拿点饭菜，我们在这里吃过饭，等半夜的时候再把黄金运回去。"于是，另一个人就回去取饭菜了。

留下来的这个人心想："要是这些黄金都归我，该有多好！等他回来，我一棒子把他打死，这些黄金不就都归我了吗？"

回去的人也在想："我回去之后先吃饱饭，然后在他的饭里下些毒药。他一死，这些黄金不就都归我了吗？"

不多久，回去的人提着饭菜来了，他刚到树林，就被另一个人用木棒打死了。然后，那个人拿起饭菜，吃了起来，没过多久，他的肚子就像火烧一样痛，这才知道自己中了毒。临死前，他想起了小和尚的话："小和尚的话真对啊，我当初怎么就不明白呢？"

人为财死，鸟为食亡。

星云大师说，好名之人必将被名枷捆绑，好利之人也会被利锁缚住。名利，就像是一座美丽豪华舒适的房子，人人都想走进去，只是他们从未意识到，这座房子只有进去的路，却没有出来的门。枷锁之所以能束缚人，房子之所以能困住人，主要是因为当事人不肯放下。放不下金钱，就做了金钱的奴隶；放不下虚名，就成了名誉的囚徒。

庄子在《徐无鬼》篇中说：“钱财不积则贪者忧；权势不尤则夸者悲；势物之徒乐变。”追求钱财的人往往会因钱财积累不多而忧愁，贪心者永不满足；追求地位的人常因职位不够高而暗自悲伤；迷恋权势的人，特别喜欢社会动荡，以求在动乱之中借机扩大自己的权势。而这些人，正是星云大师所说的“想不开、看不破”的人，注定烦恼枷身。

权势等同枷锁，富贵有如浮云。生前枉费心千万，死后空持手一双。莫不如退一步，远离名利纷扰，给自己的心灵一片可以自由驰骋的广袤天空，于旷达开阔的境界中欣赏美丽的世间风景。

自省如明镜，观照己身

星云禅话

每个人都生活在内外两个世界中，也具有向外发现和向内发现的两种能力。向外是一个无比辽阔、精彩绝伦的世界，向内则是一个无比深邃、亟待挖掘的内心。观察外部世界需要一双明亮的眼睛，探究内心则需要清醒的头脑和善于反省的意识。

然而，有一种人的眼睛只看到别人的缺点，却看不到自己的缺点；嘴巴只讲别人的过失，却从不检讨自己。星云大师说，这一类人不仅不肯反省，甚至会刻意掩藏自己的过失，又何谈知错能改呢？

禅林雅苑

自省像一面莹澈而光亮的镜子，它可以照见一个人心灵上的污浊。所以，一个明智的人，自然懂得“吾日三省吾身”的重要。

反省可以使人知己短，可使人保持清醒，可使人弥补短处，可使人纠正过失。“金无足赤，人无完人”，自我反省是极为重要的。真正懂得反省的人，经过时光的荡涤，便能冲洗掉俗世中纷纷扰扰的尘埃，给自己一个美好单纯的人生。

星云大师说，现在很多人常常自作聪明地遮蔽自己的错误，不仅不肯认错，还会为自己所犯的错误寻找各种各样的借口。星云大师曾经举例，当有的年轻人未能把吩咐给他的事情做好的时候，不仅不做自我检讨，反而会找来各种推辞，比如在行堂的时候打碎了碗，他并不认为这缘于自己的鲁莽和冒失，反而会抱怨“地太滑了”，“磨石子路太硬，不方便走路”或者“碗太不结实了”之类。他自作聪明地认为这些借口似乎能够堵住他人的责备，殊不知这只会让自己变得更加可笑。

“没有任何借口”是美国西点军校奉行的最重要的行为准则。它强调的是，要为成功找理由，不为失败找借口。一个人做任何事，如果出现了差池，只要他愿意，总能找到完美的借口，但借口和成功却不在同一屋檐下。

美国西点军校有一个久远的传统，遇到学长或长官问话，新生只能有四种回答：

“报告长官，是！”

“报告长官，不是！”

“报告长官，没有任何借口。”

“报告长官，不知道。”

除此之外，不能多说一个字。比如长官问：“你认为你的皮鞋这样就算擦亮了吗？”新学员的第一个反应肯定是为自己辩解：“报告长官，刚才排队时有人不小心踩到了我。”

但是这种下意识的辩解并不在四个“标准答案”里，是不能令长官满意的，学员只能回答：“报告长官，不是。”

长官又问：“为什么没有擦亮？”

学员没有任何选择，只能正视着长官的眼睛，回答说：“报告长官，没有任何借口。”然后接受任何形式的惩罚。

一个善于反省的人往往能及时发现自己的错误，也明白老老实实认错是最明智的做法，而不是想法设法找理由为自己辩护。借口不过是一个人做错事的挡箭牌，是敷衍别人、原谅自己的护身符，是掩饰弱点，逃避责任的百验灵丹。而这些，只会让一个人越来越糊涂，从而将所有的缺点自我屏蔽，以至于不知不觉间在泥潭中越陷越深。

在星云大师看来，世间众人无法像佛陀一样获得圆满无瑕的德行，每个人都有缺点，这是难以避免的。但是如果有了缺点而不肯承认，不肯认错就不能改正，不做改正又怎能进步呢？

所以，一个明智的人，应该把自省当做观照自身的镜子，衣冠不整时要在镜子前整理仪容，愁眉紧锁时要在镜前调整心情。接受别人的指正，改正自己的过失，便能够如无瑕的白璧一般，获得高洁的人格。在我们自以为是、为自己寻遍理由时，自省就像一泓清泉，将思想里的浅薄、浮躁、消沉、阴险、自满、狂傲等污垢涤荡干净，重现清新、昂扬、雄浑和高雅的旋律，让生命重放异彩、生气勃勃。

退步原来是向前

星云禅话

既然人生时空本就是圆的，那么，我们的世界，既有前面的半个世界，在我们的后面，还有另外半个世界，叫做“回头”的世界。

星云大师说：“懂得给自己留条退路，遇事才有转圜的空间，如果处处将自己限定，将永远走不出自设的死胡同。”

禅林雅苑

退一步海阔天空，退是一种积蓄的生命姿态。君不见，运动健将在冲跳之前往往有后退的姿势；拉弓射箭必须架弓在弦上，呈屈退的状态。只有这样，才能跳得高、射得远。

为人处世，亦如同参禅。退却一步，才能冲得更远；谦卑反省，才会爬得更高。

以退为进，是人生的一种大智慧。退步并不是忍让和怯懦，而是坚韧和刚强，真正的大丈夫能屈能伸。退只是表象，蓄势待发才是本质。

退步本身就是在前进，退是在积蓄前进的力量，正所谓磨刀不误砍柴工。

一位学僧斋饭之余无事可做，便在禅院里的石桌上作起画来。画中龙争虎斗，好不威风，只见龙在云端盘旋将下，虎踞山头作势欲扑。但学僧描来抹去几番修改，仍是气势有余而动感不足。

正好无德禅师从外面回来，见到学僧执笔前思后想，最后还是举棋不定，几个弟子围在旁边指指点点，就走上前去观看。学僧看到无德禅师前来，就请禅师点评。

禅师看后说道："龙和虎外形不错，但其秉性表现不足。要知道，龙在攻击之前，头必向后退缩；虎要上前扑时，头必向下压低。龙头向后曲度越大，就能冲得越快；虎头离地面越近，就能跳得越高。"

学僧听后非常佩服禅师的见解，于是说道："老师真是慧眼独具，我把龙头画得太靠前，虎头也抬得太高，怪不得总觉得动态不足。"

无德禅师借机开示："为人处世，亦如同参禅的道理。退却一步，才能冲得更远；谦卑反省，才会爬得更高。"

另外一位学僧有些不解，问道："老师！退步的人怎么可能向前？谦卑的人怎么可能爬得更高？"

无德禅师严肃地对他说："你们且听我的诗偈：手把青秧插满田，低头便见水中天；六根清净方为稻，退步原来是向前。你们听懂了吗？"

学僧们听后，点头，似有所悟。

无德禅师此刻在弟子们心中插满了青秧，不知弟子们是否看见了秧田的水中天？

星云大师说，世上有的人只知道前面的世界，只晓得向前迈进，却不知后面还有一个更宽广的世界。遇到困难不懂得转身，不懂得回头，经常撞得鼻青脸肿。进是前，退亦是前，何处不是前？在与他人发生冲突时，与其因为正面冲撞而阻断了自己的去路，莫不如忍得一时，谦让一步，与人方便，自己方便。

人常有一种错误的倾向：看高不看低，求远不求近，殊不知"登高必自卑，行远必自迩"的道理。日本有一位禅师曾做过这样的譬喻："宇宙有多大多高？宇宙只不过五尺高而已！而我们这具昂昂六尺之躯，想生存于宇宙之间，那么只有低下头来！"

有时候，退让并不是完全消极，反而是积极转进。只有低下头来，才能看见水中天。

把心放空，才能包容万有

星云禅话

在禅宗的观念中，空与有并非两个完全对立的概念，宇宙万有，因为虚空含纳包容，所以能拥有日月星河的环绕；因为高山不拣择沙石草木，所以成其崇峻伟大。

俗话说，海纳百川，很多人将“大海”作为浩瀚胸襟的代名词，而星云大师认为人的心是大海与高山都不能比的，“解除心中的框框，把心放空，让心柔软，就能包容万物、洞察世间，达到真正心中万有，有人有我、有事有物、有天有地、有是有非、有古有今，一切随心通达，运用自如”。

禅林雅苑

默雷禅师有个叫东阳的小徒弟。

这位小徒弟看到师兄们，每天早晚都分别到大师的房中请求参禅开示，师父给他们公案，于是他也请求师父指点。

“等等吧，你的年纪太小了。”但东阳坚持要参禅，大师也就同意了。

到了晚上参禅的时候，东阳恭恭敬敬地磕了三个头，然后在师父的旁边坐下。

“你可以听到两只手掌相击的声音，”默雷微微含笑地说道，“现在，你去听一只手的声音。”

东阳鞠了一躬，返回寝室后，专心致志地用心参究这个公案。

一阵轻妙的音乐从窗口飘入。“啊，有了，”他叫道，“我会了！”

第二天早晨，当他的老师要他举示只手之声时，他便演奏了艺妓的那种音乐。

“不是，不是，”默雷说道，“那并不是只手之声，只手之声你根本就没有听到。”

东阳心想，那种音乐也许会打扰自己。因此，他就把住处搬到了一个僻静的地方。

这里万籁俱寂，什么也听不见。“什么是只手之声呢？”思量之间，他忽然听到了滴水的声音。“我终于明白什么是只手之声了。”东阳在心里说道。

于是，他再度来到师父的面前，模拟了滴水之声。

“那是滴水之声，不是只手之声。再参！”

东阳继续打坐，谛听只手之声，毫无所得。

他听到风的鸣声，也被否定了；他又听到猫头鹰的叫声，但也被驳回了。

只手之声也不是蝉鸣声、叶落声……

东阳往默雷那里一连跑了十多次，每次各以一种不同的声音提出应对，但都未获认可。到底什么是只手之声呢？他想了近一年的工夫，始终找不出答案。

最后，东阳终于进入了真正的禅定而超越了一切声音。他后来谈自己的体会说：“我再也不东想西想了，因此，我终于达到了无声之声的境地。”

东阳已经“听”到只手之声了。

一旦仔细去聆听那“只手之声”，人就踏上了心灵的解脱之旅，心感受到的万物之丰富便会远远超过自己视线范围之内的一切。内心丰富，却亦可呈现一种空无的状态，东阳在“无声之声”的境地中进入了真正的禅定，从“空无”中体验到了“富有”。

星云大师说：“空才能容万物，茶杯空了才能装茶，口袋空了才能放得下钱。鼻子、耳朵、口腔、五脏六腑空了，才能存活，不空就不能健康地生活了。就像两个人相对交谈，也需要一个空间，才能进行。所以，空是很有用的。”

与其被满满的外物所累，何不索性全部放下，倾听那无比奇妙的“只手之声”，获得心灵的自由和解脱？

先做牛马，再做龙象

星云禅话

“恭敬谦和满芬芳”，这是星云大师提倡的为人处世应有的态度之一。

所谓“敬人者，人恒敬之”，只有以一颗谦卑、恭敬的心对待他人，才能换来同等的对待；“做人低姿态，做事高水平”，才会赢得他人的认可。所以，做人应该像梅花一样，在经历了冬雪寒风之后，散发出扑鼻的香气。

禅林雅苑

西方有这样一首民谣：

丢失一个钉子，坏了一只蹄铁；坏了一只蹄铁，折了一匹战马；折了一匹战马，伤了一位骑士；伤了一位骑士，输了一场战斗；输了一场战斗，亡了一个帝国。

一个小小的钉子，本来微乎其微，但它决定了一个帝国的生死存亡。

生活中小小的细节往往能够决定事情的成败。所以，从微小处开始精心打磨，是成功之路上迈出的第一步。

佛教经典中有一句话：“欲为诸佛龙象，先做众生牛马。”龙象是神佛的乘骑，牛马则是凡人的奴仆，虽然同是服务，但境界大不相同。

这句佛语箴言也道出了一个处世真谛：与其常常抬头仰望光环炫目的大人物，不如踏踏实实地从众生牛马做起。攀爬是一道徐徐上升的轨迹，即使有时候速度不尽如人意，但是经过一种长年累月的资本积累，也必然能促进人的提升与完善。

俗话说，“玉不琢，不成器”，也是在说明这个道理。想拥有一件没有瑕疵的玉器，需要长期精心雕琢与打磨，每个人都应该为自己的理想付出应有的努力。

眼光要远，但脚步要近。星云大师认为做人、做事、求学，都要放大眼光，但是不能好高骛远，脚步要从近处开始，要脚踏实地。虽然每个人心中都有一个成为龙象的愿望，但是必须从牛马做起，从低处做起，从细节做起，这样才会距离成功的顶峰更近。

有一天黎明，佛陀进城。

在路上，佛陀看见一个男子，向着东方、南方、西方、北方礼拜着。

佛陀问他：“你为什么这样做啊?”

那个男子说：“我叫善生，每天向各方礼拜，是家族传下来的习惯。据说这样做会得到幸福的。”

佛陀说：“我也有六种礼敬的方法。”

接着，佛陀慈祥地说了求得幸福的方法：“第一，孝顺父母：做儿女的要孝养、顺从，令父母欢喜、安慰；第二，敬重师长：做学生的要敬重师长，接受教导；第三，爱护妻子：做一个好助手，夫妻要互相敬爱；第四，善待朋友：对待朋友要诚实、互敬；第五，尊敬僧众：对待僧人要布施、恭敬；第六，善待仆人：对待仆人要宽大，不要令他过分疲倦。这六种人是我们生活中的人物，和他们相处得和谐，会有快乐的家庭、美满的人生。否则，只是礼拜各方，有什么用呢?”

善生听了十分高兴，从此参禅悟道，心中的幸福感日益增多。

佛陀所说的“获得幸福”的方法其实很简单，并没有什么神奇玄妙可言。但是，这种简简单单做人的方法，世间众生谁能够完完全全地照做呢？

若想成功，就必须从身边所有琐碎的事情做起。当我们忽视了身边很多现成的小事时，又怎么能够奢望生活给予我们更多的恩赐呢？

先学做人，再学做佛，这是世间不变的真理；先做牛马，再做龙象，这也是颠扑不破的成功之路。

第五章 做慈悲人，点亮心灯的善缘

星云大师常常面带慈祥的笑容，他总是对弟子们说，我们的微笑，在他人眼中是美丽的；我们的赞美，在他人心底是温暖的；我们的倾听，在他人感觉里是虔诚的。

怀慈悲心行慈悲事，凡夫俗子也能拥有一个辉煌的人生。

慈悲心最美

星云禅话

弥兰王曾向那先比丘求道："请问大师，世间哪里的水比大海之水更多呢？"

"比大海之水还要多的是佛法甘露的一滴水。"那先比丘回答说。

"为什么？"弥兰王百思不得其解。

"这一滴水，可以消除众生罪业，洗净身心，所以比大海之水更加有力、更加充沛。"

对这段公案，星云大师做了这样的解释：法水清净明澈，能洗涤众生罪业，所以比大海之水更加有力、充沛。而世间之最美，皆由内心出发。美丽的容颜无法历久不衰，美丽的心却能永远动人。唯有心善、心真、心慈，并显现于外在的相貌、举止、气质才让人动心。

禅林雅苑

你是否曾经从竹林旁经过？

几场春雨过后，春笋从湿润的泥土中探出头来，鲜嫩的绿色瞬间充溢了全部的视野；初夏时节，竹林绿荫成片，绿的叶，青的竿，投下一片浓浓的绿荫；秋风拂过，竹林一片金黄，竹叶在微风的轻抚下翩翩起舞；隆冬来临，积雪覆盖之下，有无数生命正等待春暖花开。

星云大师说，竹子是世间最美好的植物，它以根、枝、叶、茎丰富人之所需，以无私的奉献，得到世人的普遍喜爱。夏竹迎风摇曳，有招风驱暑之妙；竹声有如天籁，竹笛奏出美妙的乐曲，给人间平添悠扬旋律。竹子的自在，竹子的柔美，竹子的宁静，竹子的节操，所谓“青青翠竹无非般若”，正是修身养性之妙用。

竹子的品质，不仅体现在那高洁傲岸的情操，还在其默默奉献的精神。“出世予人惠，捐躯亦自豪”，它以其短暂的一生，从根到梢，从竿到叶，默默地全部奉献出来，无怪乎星云大师对其给予毫不吝啬的赞美。

佛陀降生于古印度，成道后，四处游化，阐释着人生的真理，广说佛法之要，教化了无数的弟子。他就像是慈父，也如同黑暗中的一盏明灯！

这一天，佛陀亲自巡视弟子的房间，看见一位比丘躺在床上，于是问道：“你的身体是否安好，心中是否有烦恼？”这位比丘很想向佛陀恭敬地礼拜，于是努力地想撑起身子，但是因为疲惫不堪，所以根本无法起身。

佛陀见状，慈悯地来到比丘身旁慰问：“你怎么病得这么重，却无人照顾呢？”比丘说：“出家至今，我生性懒散，看见病人也不曾细心照料、关怀他人，所以自己生病了，也就没有人愿意前来关心，我真是感到惭愧啊！”

佛陀听完后，便亲自清理比丘的排泄秽物，把比丘的房间打扫得干干净净。

这时帝释天看到佛陀的慈心，也前来用水洗浴比丘的身体，而佛陀也以手轻轻地抚摸比丘。顿时，比丘身心安稳、全身舒畅，一切苦痛顿时化为清凉。佛陀这时对比丘说：“你出家至今甚为放逸，不知勤求出离生死、解脱烦恼，所以才会身染疾苦，希望你从今天起，要精进用功。”比丘听后，便至诚地向佛陀顶礼忏悔：“佛啊！承蒙您的探望与庇佑，如果不是佛光普耀、慈悲摄受，恐怕弟子早已身亡，轮回六道了。弟子从今日起，一定会发大心，上求佛道、普度群迷。”比丘真心忏悔并且精勤于道，后来即得证阿罗汉果。

佛陀不畏劳苦、不避污秽的行为感动了比丘，让他从内心深处产生了一种向佛的力量，正是这种力量，敦促他修成正果。

佛法大乘菩萨道的精神，就是为利益一切众生而有所作为，处处牺牲自我，成就他人，应如是布施，应万缘放下，利益他人的身心。这才是生命的最高道德，也是宗教最闪耀的情怀，是世间最美丽的心灵。

播下慈悲的种子，世人都可享用丰硕的果实；留下几句仁爱的语言，世间都将充满温暖的和风。种子探头笑，和风拂柳枝，此中风情，此间美丽，都令人心中漾满欢喜。

以柔克刚，可登峰造极

星云禅话

古松苍劲，高山巍峨，而这一切雄奇壮美的景象莫不与耐力相关，千百年风雨的吹打，数十载寒暑的磨炼，老松依然有自己的坚韧，山川仍然保持自己的壮美。

星云大师说：“忍耐力让自己含藏着一股能担当、接受、处理、面对的能力和勇气，不以语言、暴力去抗拒，而是由内心一种柔和却强大的力量化解。”

这种柔和的力量，像是一股温暖的春风，它轻轻吹过，冰河开冻，花木成行。

禅林雅苑

一天，南风和北风争吵起来，它们都认为自己比对方更加强大，恰逢一位穿着大衣的老人从它们身边经过，于是它们决定比试一下，看看谁能先让老人把大衣脱下来。

北风首先发威了，它吹出凛凛寒风，瞬时间寒气逼人，但是老人并没有把大衣脱下来，反而将衣服裹得更紧，急匆匆地向前走去。

北风终于放弃了，它无可奈何地朝着南风耸了耸肩。

南风微微一笑，徐徐吹拂，渐渐的，天暖了起来，颇有几分春暖花开的感觉，老人放慢了脚步，将大衣脱了下来。

这则出自法国作家拉封丹笔下的寓言被称为“南风法则”或“温暖法则”，与星云大师的观点有着异曲同工之妙，从中不难看出，温和和友善的力量，有时候比暴力更强大。

柔和比暴力更强大，它并非是丧失原则的一味退让，而是源自内心慈悲的一种高境界的坚守，从不曾剑拔弩张，却依旧保持了应有的风范与淡定。

唐玄宗开元年间有位梦窗禅师，他德高望重，既是有名的禅师，也是当朝国师。

有一次他搭船渡河，渡船刚要离岸，这时从远处来了一位骑马佩刀的将军，大声喊道：“等一等，等一等，载我过去！”他一边说一边把马拴在岸边，拿了鞭子朝水边走来。

船上的人纷纷说道：“船已开行，不能回头了，干脆让他等下一班吧！”船夫也大声回答他：“请等下一班吧！”将军非常失望，急得在水边团团转。

这时坐在船头的梦窗国师对船夫说道：“船家，这船离岸还没有多远，你就行个方便，掉过船头载他过河吧！”船夫看到是一位气度不凡的出家师父开口求情，只好把船撑了回去，让那位将军上了船。

将军上船以后就四处寻找座位，无奈座位已满。这时，他看见坐在船头的梦窗国师，于是拿起鞭子就打，嘴里还粗野地骂道：“老和尚！走开点，快把座位让给我！难道你没看见本大爷上船？”没想到这一鞭子正好打在梦窗国师头上，鲜血顺着脸颊流了下来，国师一言不发地把座位让给了那位蛮横的将军。

这一切，大家都看在眼里，心里是既害怕将军的蛮横，又为国师的遭遇感到不平，纷纷窃窃私语：将军真是忘恩负义，禅师请求船夫回去载他，他还抢禅师的位子，并且还打他。将军从大家的议论中，似乎明白了什么。他心里非常惭愧，不免心生悔意，但身为将军的他却拉不下脸面，不好意思认错。

不一会儿，船到了对岸，大家都下了船。梦窗国师默默地走到水边，慢慢地洗掉了脸上的血污。那位将军再也忍受不住良心的谴责，上前跪在国师面前忏悔道："禅师，我……真对不起!"梦窗国师心平气和地对他说："不要紧，出门在外难免心情不好。"

"出门在外，难免心情不好"，这句话中包含的宽容与善意，将对那位蛮横将军的内心产生怎样的撞击呢？梦窗国师用一句简单的话感化了冒犯他的人，如春风化雨，这般风范，令人不得不肃然起敬。

柔和的力量是强大的：声音柔和，就能够渗透到更加辽远的空间；目光柔和，轻轻拂过便能让人感到友善；表情柔和，与人的沟通交流便更加容易。

两千多年前，老子就曾经说过"柔胜刚，弱胜强"，正如以柔克刚的太极，在行云流水般的自然柔和中，不知不觉间，已然登峰造极。

慈悲如心戒，不拘形式

星云禅话

斑斓的蘑菇，看上去很美，但却是有毒的，只能远观而不可品尝；绚烂的花朵，芳香诱人，却可能是捕食其他生命的陷阱。世间的美并非都与善相关，而所有的善行，即使没有光鲜的外表，却都是美丽的。

所以，有些看似严厉的行为却是大慈大悲。星云大师认为，慈悲很重要，但重要之处并不在于形式，而是发自内心的善，就如戒律之严在于心，而不全在参禅打坐之间。

禅林雅苑

有兄弟三人，虽然没有出家，但是喜好打坐参禅，时日一久，为了求得更高的悟境，一起相约出外行脚云游。

有一天，在日落时他们借宿于一个村庄，恰巧这户人家的妇人刚死去丈夫，带了七个子女生活。第二天三兄弟正要上路的时候，最小的弟弟就对两位哥哥道："你们两位前往参学吧！我决定留在这里不走了。"两位哥哥对于弟弟的变节行为非常不满，认为他太没有志气，出外参学见到一个寡妇就动心想留下来，于是他们气愤地拂袖而去。

寡妇看到弟弟一表人才，就自愿以身相许。弟弟说："你丈夫刚死不久，我们马上就结婚实在不好，你应该为丈夫守孝三年，再谈婚事。"三年以后，女方提出结婚的要求，弟弟再次拒绝道："如果我和你结婚实在对不起你的丈夫，让我也为他守孝三年吧!"三年后，女方又提出结婚要求，弟弟再度婉拒道："为了彼此将来的幸福美满，无愧于心，我们共同为你的丈夫守孝三年再结婚吧!"三年、三年、再三年，经过九年，这一户人家的小儿小女都长大了，弟弟看到他助人的心意已完成，就和妇人道别，独自走上求道的路，最终他修成了正果。

一个妇道人家要独自抚育七个年幼的孩子实在不容易，幸好有人愿意帮助她。弟弟虽然不入山打坐，但甘心帮助一家孤儿寡母，不为世间的五尘六欲所转，反而将秽土转变为净域，可以说这位弟弟才是真正懂得佛的慈悲的人。而当初误以为他贪恋女色的两位兄长又怎么懂得他内心的真实想法呢?

慈悲的方式多种多样，只要出于慈悲、守住心戒，即使违背了修行中某些形式上的戒律，却依然能修成正果。星云大师曾经举过这样一个例子：

印度波斯匿王的王后末利夫人，平时穿着极为朴素，从来不装扮自己，而且多年以来她恪守戒律，不食荤腥也不沾酒水。有一天，她却穿着华美的服饰来到国王面前，恳请国王准备一桌酒席以享欢乐。波斯匿王虽然心中欢喜却也困惑，不知道王后为何如此反常，于是忍不住问王后今日为何想要饮酒。

王后回答说："最后一顿如此丰盛的美味，当然要和国王同享了。"

"为什么是最后一顿?"

"听说这位很会做菜的厨师，明天就要被砍头了。不过既然他触犯了您，也是死有余辜。"王后故作漫不经心地回答。

国王这才想起昨天打猎归来后，因为这位御厨怠慢了自己，便下令要杀他。经王后这一提醒，国王便赶紧下令饶恕了他，同时国王也明白了王后的一番良苦用心。

末利夫人以她的慈悲心挽救了御厨的生命，虽然看起来饮酒已经破戒，但是这种不顾个人，只为他人着想的胸怀，不正是慈悲的菩萨的行为吗?

慈悲心，就像是苦海的舟船、黑夜的明灯，更是救世的良方。慈悲布施并不一定非要遵循某种固定的形式，只要守住心戒，形式不必拘泥。

你重要，他重要，我不重要

星云禅话

对于慈悲，星云大师常发愿：愿做一棵树，给行路人乘凉；愿是一道桥梁，让众生渡过河流到他们的目的地；愿做一盏灯，给众生光明及正确的方向。

禅林雅苑

在广州白云山能仁寺中有一副对联，“不俗即仙骨，多情乃佛心”，佛本多情，将天下苍生的喜忧福祸放在心中，这是禅法的心意。

佛本多情，时时惦记着天下苍生。修禅者的心境，是以慈悲之心，普度众生。佛法中的慈，是慈爱众生并给予快乐；而悲则是同感其苦，怜悯众生，并拔除其苦，二者合称为慈悲。大慈大悲正体现了佛心的深情，一个真正成佛的人往往是用情最深的人。

佛的慈悲心就像是环绕周身的清新空气，从来不曾远离世间的所有生灵。

相传释迦牟尼佛在前一世是一位修行者。他日夜不断，诚心诚意，锲而不舍，勇猛精进地修行菩萨道，惊动了天界。天帝为了测试他的诚心，即令侍者化成一只鸽子，自己则变成一只鹰，在鸽子后面穷追不舍。

修行者看到鸽子的危难情况，挺身而出，把鸽子放进怀里保护着。老鹰吃不到鸽子，很是不满，责问修行者说："我已经好几天没吃的了，再得不到吃的就会饿死。修行人不是以平等视众生吗？现在你救了它的命，却会害了我的命啊！"

修行者道："你说得也有道理，为了表示公平起见，鸽子身上肉有多重，你就在我身上叼多少肉吃吧！"

天帝使用法力使放在天平秤上的修行者的肉总是比鸽子肉轻。修行者还是忍痛割下自己的肉，直到割光全身的肉，两边重量还是无法相等。修行者只好舍身爬上天平秤以求均等。

天帝看到修行者的舍身，老鹰、鸽子全部变回了原形。天帝问修行者："当你发现自己的肉已割尽，重量还是不相等，你是否有丝毫的悔意或怨恨之心呢？"

修行者答道："行菩萨道者应有难行难修、人溺己溺的精神，为了救度众生的疾苦，即使牺牲生命也在所不惜，怎会有后悔怨恨之心呢？"天帝被他的慈悲心以及无畏的精神所感动，又使用法力，使他恢复了原来的健康。

鸽子的生命很重要，老鹰的饥饱也很重要，只有自己不重要，这种"我不入地狱，谁入地狱"的慈悲心使释迦牟尼佛能够坦然地舍弃自我，舍生取义救护众生。

佛陀能以这样的慈悲心待人，正是因为他心中自始至终都有一种"你重要，他重要，我不重要"的观念。星云大师也一直以此为自己生活修行的准则，他常常说，正因为内心对佛陀慈悲精神的无限敬仰与憧憬，并以此为言行准则，不知结了多少人缘，免除多少纷争，给人多少希望，予人多少欢喜。所以，他一向提倡"你大我小，你有我无，你乐我苦，你对我错"，若人人都能如此，人间有什么问题不能解决呢？

当我们将手中的鲜花送与别人时，自己已经闻到了鲜花的芳香；而当我们要把泥巴甩向其他人的时候，自己的手已经被污泥染脏。与其在以自我为中心导致的疏远冷漠中承受孤单，不如走出自我封闭的心门，在融洽的互相交往中感受快乐——彼此的快乐。

片语金箔，皆可布施

星云禅话

做一个慈悲人，布施很重要。

布施不一定要施钱，有时候为人说一句好话，能为他人带来不可思议的因缘；有时候只是几口饭的布施，却给他人带来生命的重生与希望；有时候一个不经意的微笑，也能给人带来温暖的感受，所以布施的功德是无量的。

若按照星云大师的指点布施，功德就如播种，将一粒种子播于泥土中，经过灌溉施肥，就能结出累累的果实，

禅林雅苑

在一个寒冷的冬夜，有一个乞丐到寺院里找到荣西禅师，向他哭诉说家中妻儿已经多日不曾进食，眼看就要饿死了，不得已来请求禅师救助。

荣西禅师听说后慈悲之心顿生，非常同情他的遭遇，但是自己身边既无金钱，也没有多余的食物。他左右为难地环顾四周，突然看到了准备用来装饰佛像的金箔。于是，他对乞丐说："把这些金箔拿去换些钱，再给你的妻子孩子买些食物吧！"

乞丐离开之后，一直站在旁边的弟子终于忍不住怨气，对荣西禅师说："师父，您怎么可以对佛祖不敬呢?"

荣西禅师心平气和地对弟子说："我之所以这么做，正是出于对佛祖的一片敬重之心啊!"

弟子愤愤地说："这些金箔本来是用来装饰佛像的，可您就这样送给了乞丐，我们要用什么来装饰佛像呢? 难道这就是您对佛祖的敬重之心吗?"

荣西禅师正色说："平日里你们诵读的经文，修习的佛法都到哪里去了? 难道没有真正理解吗? 佛祖慈悲，割肉喂鹰、以身饲虎都在所不惜，我们怎么能为了装饰佛身而置人性命于不顾呢?"

真正的信仰，不是仅仅挂在嘴边的，更不是顶礼膜拜。它应该存在于具体的事情之中，甚至存在于一件极普通、极平常的小事之中。真正慈善的人，不会拘泥于礼节和形式，他们会将自己的善念化为一汪清泉，让其流进所有干涸的心灵。荣西禅师布施的不仅是金箔，更是一颗慈悲心。这种发自内心的善意的关怀，定能带给他人更多的温暖。

其实，能够布施的何止是金箔呢? 一种思想，一种智慧，一种信念，一束光，一杯水，乃至一句话，都可以与人分享。

美国著名作家欧·亨利曾经在《最后一片叶子》里讲述的一个善意的谎言，同样也是一种仁慈的布施。

一位穷学生琼西身患肺炎，她看到窗外对面墙上的常青藤叶子不断地被风吹落，心中充满了忧伤。她说，当最后一片叶子落下时，自己的生命也将和它一起陨落。

住在隔壁的画家贝尔曼听琼西的同学谈起此事之后，在最后一片叶子落下之前的深夜，冒着暴雨，用自己心灵的画笔在墙上画出了一片"永远不会凋落"的常青藤叶。

后来，琼西的病痊愈了，而那位伟大的画家却因为在暴雨的晚上感染了肺炎，不久之后便永远地合上了双眼。

善良的贝尔曼为琼西编造了一个善良而真实的谎言，用一片精心勾画的绿叶装饰了那干枯的生命之树，维持了即将熄灭的生命之光。

在星云大师眼中，一颗仁慈的布施之心有如日月，像冬天的太阳，像十五的明月，不但能为大地带来光明，还能温暖万物，若能与这样的仁慈之人交往，就如同寒冬里受到太阳的照耀，如同黑夜里有了明月的朗照。

以力折服，也是慈悲

星云禅话

星云大师说："只要我们有一念之慈，万物皆善；只要我们有一心之慈，万物皆庆。一念慈悲，不会伤害万物，万物当然欢喜；一心来实践慈悲，万物受到爱护，当然就会庆幸。"

由此可见慈悲的重要性，然而，慈悲也必须以智能为前导，否则便会弄巧成拙。只有慈悲，没有智能，好比飞鸟片翼、车舆单轮，无法飞翔行走，圆满成功。没有智慧引导的慈悲，便很可能会泛滥，所以在星云大师眼中，真正的慈悲，不仅是微笑、赞美而已，有时严厉的折服也是慈悲。

禅林雅苑

一般来说，常常到寺院中拜佛的人会发现这样的细节：一进山门，首先便会看到一尊弥勒佛，他笑容满面，在山口欢天喜地地迎接所有信徒；但进入山门之后，便会看到威严的韦陀护法天将，他手拿金刚杵，身穿盔甲，面色严肃令人不由心生畏惧。

星云大师说："有的人在爱的慈悲鼓励中可以进步，有的人在严厉的折服里有所警惕。"所以，严厉有时候也是一种慈悲。为了开示众生，星云大师曾经在《十大弟子传》中讲述过这样一个故事：

罗侯罗是佛教的第一个沙弥，他出家的时候只有十五、六岁。他年纪虽小，却很聪明，悟性极高，颇得其他弟子的喜爱。然而，他却有一个缺点，就是喜欢乱打妄语戏弄他人。

有一次佛陀外出，国王派了一位信者前来拜访，信者见到在佛陀门外坐禅的罗侯罗，便恭敬地向他询问佛陀在哪里。罗侯罗随手一指后院，便说佛陀正在那里参禅。访客信以为真地离去，罗侯罗忍不住哈哈大笑。

后来，这件事被佛陀知道了，他便将罗侯罗叫到身边，吩咐他为自己端一盆洗脚水。

罗侯罗本来很紧张，为自己的错误惴惴不安，而且佛陀的表情极为严肃，与平时慈祥温和的他判若两人。罗侯罗一句话也不敢说，默默地端了一盆水过来，垂手站在佛陀身侧。

佛陀洗过脚之后，指着盆里的水问："罗侯罗，这个盆子里的水可以喝吗？"

罗侯罗惊讶地睁大了双眼，回答说："当然不能。"

"为什么不能喝呢？"

"这盆子里的水已经洗过脚了，很脏，怎么能喝呢！"

佛陀依旧很严厉，正色道："难道你不觉得自己很像这盆水吗？你天资聪颖、悟性极高，放弃了尘世的富贵生活皈依佛门，就像是原本清净澄明的水一样。而你却不珍惜自己的天分，反而用妄语痴念扰乱自己的身心，出家人不打诳语，你却以此为乐，就好比水中被沉入了污垢一样。"

听到佛陀如此严厉的训斥，罗侯罗连头也不敢抬。他默默地把水端到门外洒了，一进门佛陀又问："你会拿这个盆来盛饭吃吗？"

"不会。这盆洗过手足，沾有污秽，不能装吃的东西。"罗侯罗小心翼翼地回答。

"既然如此，你为何不修戒定慧，净身口意呢？既然你已经是佛门的弟子，便该谨遵佛门的教诲，否则，大道之粮怎么能装入你的心中呢？"佛陀说完，抬脚将盆轻轻地一踢，盆就在地上滚了起来。

罗侯罗从来没有见过佛陀如此生气，惶恐不安。

佛陀问："是怕盆子被踢坏吗？"

“不是。盆子是很粗的器物，坏了也不要紧。”

“佛门中人，万事万物都当珍惜，你如果不珍惜这个盆子，将来也没有人会爱护你。你出家做沙门，不重威仪，戏弄妄言，这个行为导致的后果，将是谁也不爱护你，不珍惜你。即使你天资再高，也难以修成正果。”

在众生心目中，佛陀一直是温和的，然而在这个故事里，他却以极为严厉的态度对待罗侯罗。佛陀的训斥看似苛刻，实际上却是另一种慈悲，正如我们平常所说的“爱之深，责之切”。

其实，四季轮回中也有同样的道理。星云大师说：“春天的和风，夏天的雨水，固然能使万物生长；秋天的严霜，冬天的寒雪，也能使万物成熟。”所以，真正的慈悲，既可以以爱的温暖去感化，也可以用力的方式来折服。

第六章　做聪明人，横吹笛子竖吹箫

聪明的人，怀欢喜心做欢喜事，自然成就欢喜的人生；愚痴的人，心揣黄莲做苦事，终成烦恼的人生。世间万事无不在自己的一念之间，一念天堂，一念地狱。

像星云大师所言，做个聪明人，横吹笛子竖吹箫，动听的旋律便时刻环绕身畔。

弱者等待时机，强者创造时机

星云禅话

人人都渴望得到好的机会，好机会不仅是通向成功的起点，更是每个人获得快乐心情的契机。但是，好机会却往往“千载难逢”。

所以，星云大师曾说，所谓机会，需要缘分，也需要争取。那么，机会在哪里呢？

“机会在心里，在能力里，在理想里，在结缘里。”

如果你正在等待机遇的垂青，正在期待快乐的降临，那么，不要求诸于人，先求自己吧！

禅林雅苑

有一种鸟，它能飞越太平洋，依靠翅膀，依靠风，还有一小截不可缺少的树枝。

从此岸到彼岸，是一段遥远而漫长的旅程。出发时，它会把树枝衔在嘴里。当它累了，就会把树枝放到水里，然后站在上面休息一会儿；困了，就在上面睡觉；饿了，就站在上面捕食。

谁能想到，一只鸟飞越太平洋所依靠的仅仅是一截树枝呢？

这只小小的鸟儿，难道不是生活的强者吗？当它等不到跨洋越海的顺风船时，便聪明地为自己造了一艘由一截树枝做成的船，乘风破浪，果断前行。如果只是静静地等候所谓的“顺风船”，只怕耗尽余生也无法得偿所愿。

聪明人，不会把光阴消耗在无谓的等待中，他们总是能够在过程中寻找到恰当的时机和方式，从而将一切推向高潮或导向更完美的福地。

有一只灰兔正在山坡上玩，发现狼、豺、狐狸鬼鬼祟祟地向自己走来，急忙钻到自己的洞穴中避难。灰兔的洞一共有三个不同方向的出口，为的是在情况危急时能从安全的洞口撤退。今天，狼、豺、狐狸联合起来对付灰兔，它们各自把守一个出口，把灰兔围困在洞穴中。

狼用它那沙哑的嗓子，对着洞中喊道："灰兔你听着，三个出口我们都把守着，你逃不了啦，还是自己走出来吧。不然我们就要用烟熏了，还要把水灌进去！"

灰兔想，这样一直困在洞里也不是个办法，如果它们真的用烟熏、用水灌，情况就更加不妙。忽然，灰兔灵机一动，想出了一个妙计。它来到狐狸把守的洞口，对着洞外拼命地尖叫，就像被抓住后发出的绝望惨叫声。

狼和豺听到灰兔的尖叫声，以为灰兔被狐狸抓住了。它们担心狐狸抓到灰兔后独自享用，不约而同地飞奔到狐狸那里，想向狐狸要回属于自己的那份。聚到一起后，狼、豺、狐狸忽然意识到灰兔可能是用声东击西之计时，急忙又回到各自把守的洞口继续把守。它们哪里知道，灰兔趁狼到狐狸那里去的时候，早已飞奔出来，躲到了安全的地方。

灰兔把自己脱险的经过告诉了刺猬，刺猬说："你真聪明，你是怎么想出这个妙计来的呢？"灰兔说："因为我知道，狼、豺、狐狸虽然结伙前来对付我，但它们都有贪婪的本性，互不信任，各怀鬼胎，我正是利用了这一点。"

狡兔三窟也有被困在洞中的时候，如果静候无疑等于坐以待毙，抓住对方的弱点，为自己寻找逃生的契机才是明智的选择。

星云大师说："机会不是完全靠别人给予，也不会有上天赐予，机会还是要靠自己创造。"机会并非均等，但强者往往能够依靠自己的能力稳稳地把握住自己生命的航向。

就像著名剧作家萧伯纳曾说过的话："人们总是把自己的现状归咎于运气，我不相信运气。出人头地的人，都是主动寻找自己所追求的运气；如果找不到，他们就去创造运气。"

懂得变通，不通亦通

星云禅话

行走中的人，既要能够看到远处的山水，也要能够近看自己脚下的路。“不计较一时得失，基于全景考虑而决定的变通”，往往是抵达目的地的一条捷径。

星云大师为身陷困境中的人们指出了一种明确的解脱之法：变通，既是为了通过，更是为了向前。

禅林雅苑

穷则变，变则通。佛教说人生本是苦海，人生亦有妙境。生命的长途中既有平坦的大道也有崎岖的小路，聪明的人既向往大道的四通八达，也憧憬小路上的美丽风景；生命的轮转中四季交替，既有姹紫嫣红草长莺飞的明媚春光，也有银装素裹万木凋零的凛凛冬日，万物生灵随着季节的轮转调整着自己的生存方式。

在生命的春天中，我们尽可以充分享受和煦的春风、温暖的阳光；而遭遇寒冬之时，我们就要及时调整步速，不急不躁地把握住生命的脉搏。

人的一生，总要经风历雨，横冲直撞，一味拼杀是莽士；运筹帷幄，懂得变通才是智者。

从前有一个穷人，他有一个非常漂亮的女儿。穷人家境拮据，妻子又体弱多病，不得已向富人借了很多钱。年关将至，穷人实在还不上欠富人的钱，便来到富人家中请求他拖延一段时间。

富人不相信穷人家中困窘到了他所描述的地步，便要求到穷人家中看一看。

来到穷人家后，富人看到了穷人美丽的女儿，坏主意立刻就冒了出来。他对穷人说："我看你家中实在很困难，我也并非有意为难你。这样吧，我把两个石子放进一个黑罐子里，一黑一白，如果你摸到白色的，就不用还钱了，但是如果你摸到黑色的，就把女儿嫁给我抵债！"

穷人迫不得已只能答应。

富人把石子放进罐子里时，穷人的女儿恰好从他身边经过，只见富人把两个黑色石子放进了罐子里。穷人的女儿刹那间便明白了富人的险恶用心，但又苦于不能立刻当面拆穿他的把戏。她灵机一动，想出了一个好办法，悄悄地告诉了自己的父亲。

于是，当穷人摸到石子并从罐子里拿出时，他的手"不小心"抖了一下，富人还没来得及看清颜色，石子便已经掉在了地上，与地上的一堆石子混杂在一起，难以辨认。

富人说："我重新把两颗石子放进去，你再来摸一次吧！"

穷人的女儿在一旁说道："不用再来一次了吧！只要看看罐子里剩下的那颗石子的颜色，不就知道我父亲刚刚摸到的石子是黑色的还是白色的了吗？"说着，她把手伸进罐子里，摸出了剩下的那颗黑色石子，感叹道："看来我父亲刚才摸到的是白色的石子啊！"

富人顿时哑口无言。

"重来一次"意味着穷人摸到黑、白石子的几率仍然各占一半，而穷人的女儿则通过思维的转换成功地扭转了双方所处的形势。所以很多时候与其硬来，不如做出变通更有效果。当客观环境无法改变时，改变自己的观念，学会变通，才能在绝境中走出一条通往成功的路。

人生如同跳探戈

星云禅话

当人们纷纷感叹“处世之难，难于上青天”时，星云大师却微笑着将人生比做一场华丽的舞会，聪明人往往选择跳探戈，自始至终保持着优雅奔放、进退自如的姿态。

星云大师说：“探戈是一种讲求韵律节拍，双方脚步必须高度协调的舞蹈。探戈好看，但要跳好探戈绝非一件轻而易举的事，很多高手均需苦练数年才能练就炉火纯青的舞技。跳探戈与处世，有着许多异曲同工之处，亲子、朋友、同事、上下级之间，如果能用跳探戈的方式彼此相处，彼此协调，知进知退，通权达变，不但要小心不踩到对方的脚，而且要留意不让对方踩到自己的脚。这样，人与人之间才能和睦相处，恰到好处。”

禅林雅苑

清康熙年间，张英在朝廷任文华殿大学士、礼部尚书。他的老家在安徽桐城，与一吴姓为邻。一日，张家从桐城给张英捎来一封信，说是张家与吴家因宅基地的画线起了纠纷，想请张英出面干涉此事。张英接信后，认为邻里之间应以谦和礼让为处世原则，便在信中回复道：“千里修书只为墙，让他三尺又何妨？万里长城今犹在，不见当年秦始皇。”家人阅后，很明理地主动将自家的墙退后三尺。吴家人一见，也很受感动，也主动将墙退后三尺。于是，两家之间就出现了一条代表着礼让和谐的六尺巷。

两家的互相谦让，不仅让出了一条通道，更让出了融洽的邻里关系，何乐而不为呢?!

在人际关系中，难免会出现磕磕碰碰，难免会发生问题。有人说：只要有人的地方，就会有争斗。若想与他人和平相处，就要拥有一个良好的人际关系网，在原则范围内，偶尔的吃亏，偶尔的退让，既是一种包容的胸怀，也是一个友好的讯号。若太过计较，双方都将陷入泥潭而难以挣脱。

佛教讲究善恶轮回，因果报应。其实在现实生活中，这种所谓的“因果报应”存在于自己身边的每一个角落。

为人处世中，留三分余地给别人，就是留三分余地给自己。在足够宽敞的空间里，我们才能翩翩起舞，跳一支优雅的人生探戈。

律己宜严，待人宜宽

星云禅话

心胸豁达开朗的人，凡事看得高、看得远，不被眼前利益所蒙蔽，当然容易有成就；心量狭隘自私的人，处处与人计较，琐碎小事就能扰乱他的心志，成功的可能性也就相对减少了。

所以，星云大师认为，做人应该以恕己之心恕人，以责人之心责己，“一个真正的忍者，对待恶骂、打击、毁谤都要有承担、忍耐的力量”。人间最大的力量不是枪炮、子弹，不是拳头、武力，人间最大的力量是忍，要做到“遭恶骂时默而不报，遇打击时心能平静，受嫉恨时以慈对待，有毁谤时感念其德”。

禅林雅苑

宽容，是胸襟博大者为人处世的一种人生态度。雨果曾说过：“世界上最宽阔的是海洋，比海洋更宽阔的是天空，比天空更宽阔的是人的心灵。”

总是对别人吹毛求疵的人，一定不是个受欢迎的人。

能容天下者，方能为天下人所容。据此看来，你若要彩虹，你就得宽容雨点，若是在雨点滴到身上的那一刻便勃然大怒，又怎么能在彩虹出现的刹那拥有一种怡然自得的心情来观赏那美丽的风景呢？

森林中有一条河流，河水湍急，不停地打着旋涡，奔向远方。河上有一座独木桥，窄得每次只能容一人通过。

某日，东山上的羊想到西山上去，而西山上的羊想到东山上去，结果两只羊同时上了桥，到了桥中心，彼此碰到了，谁也走不过去。

东山的羊见僵持的时间已很长了，而西山的羊照样没有退让的意思，便冷冷地说道："喂，你长眼了没有，没见我要去西山吗？"

"我看是你自己没长眼吧，要不，怎么会挡我的道？"西山的羊反唇相讥。

于是，两只互不相让的羊开始了一场决斗。

"咔"，这是两只羊的犄角相碰撞的声音。

"扑通"，这是两只羊失足，同时落入河水中的声音。

森林里安静了下来，两只羊跌入河中淹死了，尸体很快就被河水冲走了。

故事中的悲剧本来是可以避免的，只要有一只羊后退到桥头，等另一只过后再上桥，两只羊便都会平安无事。可悲的是，山羊们都固执地认为狭路相逢勇者胜，不肯宽容和忍让，最终都葬身河底。

"宽以待人"既是一种待人接物的态度，又是一种高尚的道德品质，它能够化解人和人之间的许多矛盾，增强人和人之间的友好情感。同时，一个人如果能够养成"宽以待人"的优良品德，就一定可以在同他人的相处中，严格要求自己，宽恕地善待他人，不断提高自己的思想境界，使自己成为一个道德高尚的人。

星云大师说，世上只要有人的地方就有纷争，尤其是有"我"有"你"再加个"他"，你、我、他之间的纷争就更多了。所以，若能秉持"你好他好我不好，你大他大我最小，你乐他乐我来苦，你有他有我没有"这四句偈语中含有的精神，人与人必能和谐相处。

拒绝也要留有余地

星云禅话

拒绝是一种艺术，当别人对自己有所希求而自己办不到时，就不得不拒绝。拒绝往往是难堪的，但不得已要拒绝别人时，不妨听从星云大师的建议：

不要随便地拒绝，不要无情地拒绝，不要傲慢地拒绝；要能委婉地拒绝，要有笑容地拒绝，要有代替地拒绝，要有出路地拒绝。

禅林雅苑

作家贾平凹曾经写过一篇文章，教人学会拒绝，他在文章中讲了一个故事：

有一个意志消沉的年轻人，去向一位禅师请教从痛苦中解脱的方法。

禅师说，你自己去悟一下，便会明白了。

一天以后，禅师问他是否有所悟，他摇头，禅师便举起戒尺打了他一下。

第二天，禅师又问，年轻人仍然不知，禅师又用戒尺打了他一下。

第三天，他再次向禅师表示没有收获，当禅师举起戒尺打过来时，他伸手抓住了禅师的戒尺。

禅师不怒反喜，笑道："你这不是已经悟出了解脱的方法吗？就是拒绝痛苦啊！"

在人世间，每个人都要面临相聚与分离，面对痛苦与喜悦，面对接纳与拒绝。宽容是我们道德大厦中重要的横梁，但拒绝也是不可缺少的支柱。从自身而言，要学会拒绝痛苦，拒绝一些本可以避免的心理问题；从他人而言，要学会拒绝一些无法完成的任务，给自己留下更加广阔的空间，也避免因无法兑现自己的诺言而失信于人。

但是，拒绝需要方法，并不一定直接对对方说“不”。当你能够游刃有余地运用拒绝的艺术时，就可以既解决了问题，实现了目的，又避免了双方的尴尬。

以前，有一个国王，他有一个美丽的女儿，被视如掌上明珠。凡是公主要求的东西，国王从来都不会拒绝，就是她要天上的星星，国王也恨不得攀登天空，为公主摘下来。

一个春雨初霁的午后，公主带着婢女徜徉于宫中花园。忽然间，公主的目光被荷花池中的奇观吸引住了。原来池水的热气经过蒸发，正冒出一颗颗状如琉璃珍珠的水泡，浑圆晶莹，闪耀夺目。公主看得入神忘我，突发奇想：“如果把这些水泡串成花环，戴在头上，一定美丽极了！”

她打定主意，于是跑回宫中，把国王拉到了池畔，对着一池闪闪发光的水泡说：“父王！您一向是最疼爱我的，我要什么东西，您都依着我。现在女儿想要把池里的水泡串成花环，戴在头上。”

“傻孩子！水泡虽然好看，终究是虚幻不实的东西，怎么可能做成花环呢？父王另外给你找些珍珠水晶，一定比水泡还要美丽！”国王无限怜爱地看着女儿。

“不要！不要！我只要水泡花环，我不要什么珍珠水晶。如果您不给我，我就不想活了。”公主哭闹着。

束手无策的国王只好把朝中的大臣们集合于花园，忧心忡忡地说道：“各位大臣们！你们号称是本国的智者，你们之中如果有人能够用池中的水泡，为公主编织美丽的花环，我便重重奖赏。”

“报告陛下！水泡触摸即破，怎么能够拿来做花环呢？”大臣们面面相觑，不知如何是好。

“哼！这么简单的事，你们都无法办到，真是没用！如果无法满足我女儿的心愿，你们统统提头来见。”国王盛怒。

“国王请息怒，我有办法替公主做成花环。只是老臣我老眼昏花，实在分不清水池中的水泡，哪一颗比较均匀圆满，能否请公主亲自挑选，交给我来编串。”一位须发斑白的大臣神情笃定地打圆场。

公主听了，兴高采烈地拿起瓢子，弯下腰身，认真地舀取自己中意的水泡。本来光彩闪烁的水泡，经公主轻轻一触摸，霎时破灭，变为泡影。捞了半天，公主一颗水泡也捞不起来。此事只好作罢。

显然，公主水泡花环的梦想是难以实现的，谁能将镜中美丽的花朵采撷下来？又有谁能够把水中动人的月影掬在手中？可是，当公主哭闹，国王盛怒之时，直接拒绝无疑是最愚蠢的行为，甚至可能招致杀身之祸。所以，聪明的大臣运用了自己的智慧，通过委婉的方式让公主自己领悟到水泡是无法串成花环的。

委婉像是一道善意的门缝，给他人留下了出入的空间，同时也给自己的机遇留了一个入口。人生有很多机遇，都是因为你留下的这一道狭窄的空间，才固执地找上门来。

第七章　做洒脱人，随缘安然

星云大师常说做人当如水，洒脱的人生，有如山泉清流，浑然天成，不假造作，自然而流，不带勉强。那淙淙的清泉，于山穷水尽处，百转千折，随缘安然。任路远道遥，澄澈见底，甘纯清净，可以涤人忧虑。

不是不关心，只是不动心

星云禅话

“风吹云动心不动，见到境界不动心。”禅的最高境界是心无外物，而人的终极自由是心灵的自由。只有做到不动心，才能得到真正超然物外的洒脱。

在星云大师看来，“不动心”是一个人修养和定力的体现，若一个人无此定力，则可能被外境左右，随外境而动摇，想获得这种禅心，就要做到不为财动，不为情动，不为名动，不为谤动，不为苦动，不为难动，不为力动，不为气动。

禅林雅苑

五色幢幡升空时迎风飘动，一僧说是幡动，一僧说是风动，六祖惠能从旁边经过，笑曰：“既非风动，也非幡动，乃二僧心动。”

风动、幡动，都不过是外境的变迁。星云大师说，不动心，才能时时与佛同在。

面对诱惑时，不能动心；面对批评时，也应保持欣然。

苏东坡被贬谪到江北瓜洲时，和金山寺的和尚佛印相交甚密，常常在一起参禅礼佛，谈经论道，成为非常好的朋友。

一天，苏东坡作了一首五言诗：稽首天中天，毫光照大千；八风吹不动，端坐紫金莲。作完之后，他再三吟诵，觉得其中含义深刻，颇得禅家智慧之大成。苏东坡觉得佛印看到这首诗一定会大为赞赏，于是很想立刻把这首诗交给佛印，但苦于公务缠身，只好派了一个小书童将诗稿送过江去请佛印品鉴。

书童说明来意之后将诗稿交给了佛印禅师，佛印看过之后，微微一笑，提笔在原稿的背面写了几个字，然后让书童带回。

苏东坡满心欢喜地打开了信，一看之下，先惊后怒。原来佛印只在宣纸背面写了两个字："狗屁！"苏东坡既生气又不解，坐立不安，索性搁下手中的事情，吩咐书童备船再次过江。

哪知苏东坡的船刚刚靠岸，却见佛印禅师已经在岸边等候多时。苏东坡怒不可遏地对佛印说："和尚，你我相交甚好，为何要这般侮辱我呢？"

佛印笑吟吟地说："此话怎讲？我怎么会侮辱居士呢？"

苏东坡将诗稿拿出来，指着背面的"狗屁"二字给佛印看，质问原因。

佛印接过来，指着苏东坡的诗问道："居士不是自称'八风吹不动'吗？现在怎么一'屁'打过江呢？"

苏东坡顿时明白了佛印的意思，满脸羞愧，不知如何作答。

苏东坡是古代名士，既有很深的文学造诣，同时也兼容了儒释道三家之长，而有时候，他也不能真正领悟到心定的感觉。

心动则生杂念，导致人很难认清自己。人难以认清自己，真心就像一面被灰尘遮蔽了的镜子，无法清晰地映照出物体的形貌。真心不显，妄心就会成为人的主宰。

只要我们有一颗不动的心，不生是非分别的梦想，不起憎爱怨亲的颠倒，就能够安稳如山，明净如水，悠闲如云，自在如风。

日日好日当惜时

星云禅话

禅宗说："日日是好日。"一生的幸福也往往来自每一日快乐的积累。

如何才能过好每一日的生活呢？星云大师说，每日说好话，每日行善事，每日常反省，每日多欢喜。只有今天把今天过好，明天把明天过好，才能一月一月、一年一年地过好，才会一生过好。日日是好日，每一日、每一分都理应珍惜。

禅林雅苑

两千多年前，先圣孔子在河边说道："逝者如斯夫，不舍昼夜。"逝水是不会倒流的，时间也不会重返，所以若想在每一天都获得充盈的快乐，就要有意识地珍惜从自己手指间溜过的每一秒钟。

一寸光阴一寸金，寸金难买寸光阴。

时间就像是一阵风，来得快，去得也急；时间就像一页书，看得快，翻得也快；时间就像一匹良驹，跑得快，过得也快。

法国思想家伏尔泰曾说过一个意味深长的谜："世界上有样东西是最长又是最短的，是最快又是最慢的，是最能分割又是最广大的，是最不受重视又是最值得惋惜的；没有它，什么事情都做不成；它使一切渺小的东西归于消灭，使一切伟大的东西生命不绝。”

对于这个谜，众说纷纭，一时间很多人都猜不透。

直到有一天，一个名叫查第格的智者猜中了。他说：“最长的莫过于时间，因为它永远无穷无尽；最短的也莫过于时间，因为它使许多人的计划都来不及完成；对于在等待的人，时间最慢；对于在作乐的人，时间最快；它可以无穷无尽地扩展，也可以无限地分割；当时谁都不加重视，过后谁都表示惋惜；没有时间，什么事情都做不成；时间可以将一切不值得后世纪念的人和事从人们的心中抹去，时间能让所有不平凡的人和事永垂青史!”

这就是时间的珍贵所在啊！佛陀曾说过，生命就在一呼一吸之间而已。生命易逝，我们有什么理由不珍惜时间呢?

人生百年，几多春秋。向前看，仿佛时间悠悠无边；猛回首，方知生命挥手瞬间。

时间是最平凡的，也是最珍贵的。金钱买不到它，地位留不住它，每个人的生命都是有限的。它一分一秒，稍纵即逝，与其每天长吁短叹，不如将其牢牢地把握，才能在有限的时间桎梏下获得最大的自由、最洒脱的幸福。

那么时间到底是什么呢？时间对于不同的人有不同的意义。对于活着的人来说，时间就是生命；对于从事经济工作的人来说，时间就是金钱；对于所有的人来说，时间就是千金难买的无价之宝。

时间最不偏私，给任何人都是每天二十四小时；时间也偏私，给任何人都不是每天二十四小时。最吝啬时间的人，时间对他最慷慨。抓住今天，才能不依赖明天！

不苦不乐的中道生活

星云禅话

自由与快乐是每个人追求的人生境界。有的人追求物质的快乐，有的人追求享受自然的快乐，然而在佛教的观点中，人生本就是苦海，无法脱离苦的本质，所以便有很多人在对快乐的追求中迷失了自我。

星云大师认为，人在追求快乐时也要拥有智慧，“智慧就是对万事万物的豁达和穿透一切的力量。别人看到外，你看到内；别人看到相，你看到理；别人看到点，你看到面。”唯有用自己的智慧去看待人生的苦乐，才能参透生活的真相，解决问题时才可做到四两拨千斤。

禅林雅苑

云照禅师是一位得道高僧，他面容慈祥，常常带着微笑，生活态度非常积极。每次与信徒们开示时，他总是会说：“人生中有那么多的快乐，所以要乐观地生活。”

云照禅师对待生活的积极态度感染着身边的人，所以在众人眼中，他俨然已经成为快乐的象征。可是，有一次云照禅师生病了，卧病在床时，他不住地呻吟道：“痛苦啊，好痛苦呀！”

这件事很快传遍了寺院，住持听说了，便忍不住前来责备他：“生老病死乃是不可避免的事情，一个出家人总是喊‘苦’，是不是不太合适?”

云照禅师回答：“既然这是人生必不可少的经历，痛苦时为何不能叫苦?”

住持说：“曾经有一次，你不慎落水，可你在死亡面前依然面不改色，而且平时你也一直教导信徒们要快乐地生活，为什么一生病就反而一味地讲痛苦呢?”

云照禅师向着住持招了招手，说：“你来，你来，请到我床前来吧。”

住持朝前走了几步，来到他床前。云照禅师轻轻地问道：“住持，你刚才提到我以前一直在讲快乐，现在反而一直说痛苦，那么，请你告诉我，究竟是说快乐对呢？还是说痛苦对呢?”

快乐与痛苦都没有对错。对这则故事，星云大师解读说：“人生有苦乐的两面，太苦了，当然要提起内心的快乐；太乐了，也应该明白人生苦的真相。热烘烘的快乐，会乐极生悲；冷冰冰的痛苦，会苦得无味；人生最好过不苦不乐的中道生活。”

过不苦不乐的中道生活不是我们每个凡夫都能做到的，但却可以追求。人这一生，快乐与痛苦相伴而生，若一味享受快乐的精彩，必然会在安逸的陷阱中丧失警惕；若长期沉溺于痛苦的深渊，又将在绝望的泥沼中无法自拔。生活总是苦乐参半的，不要期待只有快乐而没有痛苦，也不要偏执地认为人生毫无快乐可言。正视快乐的短暂，不回避痛苦的现实，在快乐中保持清醒，在痛苦时积极应对，这才是智慧的人生。

“对于有智慧的人来说，春天不是季节，而是内心；生命不是躯体，而是心性。”睿智如星云大师，不苦不乐的中道生活也源自于人内心的洒脱与淡定。一个人追求繁华容易，返璞归真却难；潇洒地享受快乐容易，坦然地面对痛苦却难。

人的心性就如一杯水，淡淡的清水里没有掺杂任何杂质，就能够长久地保持洁净的状态，但如果在水中放入了一些酸甜苦辣的东西，这杯水很快就会变质。人的思想也是，想法越多越复杂，就越容易变质；而甘于现实的人，才能够坦然地面对所有的苦与乐，享受不苦不乐的中道生活。

琴弦有短长，人生得妙曲

星云禅话

世间万物，各有其貌，才显得缤纷多样，异彩纷呈。人生亦是如此。

芸芸众生都虔心站在佛座下，都是平等的，但是五个手指尚有短长，又怎能期待所有人都有同一张面孔，同样的心情？所以星云大师说："人人不尽相同，外表上有高低胖瘦的不同，才有赏心悦目的人间风景；智力上有贤愚巧拙的分殊，才有趣味横生的社会百态。"

若太过趋同，则容易陷入误区，又怎么达到身心的洒脱？

禅林雅苑

一棵小草，没有参天大树的伟岸身躯，却依然是无限辽阔的草原中不可忽视的一道风景。

一条小河，奔流的前方只有断崖残壁，然而一泻千里，却成就了瀑布的气势磅礴。

一扇贝壳，柔软的身体却不得不承受不安分的沙砾的摩擦，然而终有一日，会有闪烁迷人的珍珠绽放出耀眼的光彩。

世间众生，若一味地因自己的短处而放大痛苦，自然会与平凡生活中的快乐和成功擦肩而过。

星云大师曾援引《华严经》所言："如悬镜高堂，无心虚招，万像斯鉴，不简妍媸，以绝常之静心，照常之圆理。"世间万象的妍媸、巨微，都只是一种表象，若能正确对待自己以及他人的优缺点，必能屏蔽掉外界的干扰，得到心灵的安定和平静。

春秋时期，晋国有一位著名的乐师名叫师旷，他生而无目，故自称盲臣，又称瞑臣。

师旷不仅善于弹琴，也通晓南北方的民歌和乐器调律。据说，当他弹琴时，马儿会停止吃草，仰起头侧耳倾听；觅食的鸟儿会停止飞翔，翘首迷醉，丢失口中的食物。晋平公见师旷有如此特殊才能，便封他为掌乐太师。

有一次，晋平公专门请人为师旷打造了一张特殊的琴，琴上的弦不仅长短一样，甚至粗细都是一致的。琴做得非常漂亮，上面精心雕刻着各种精美的图案，还镶嵌了金银美玉。

师旷试琴时，怎么也无法弹出完整的旋律，于是便细细地摸索琴弦之后问道："这张琴的琴弦难道是一样的吗？"

晋平公回答说："是啊，这样精致的琴弦，应该是世间独一无二的吧！乐师您双眼已盲，否则一定会惊艳于这张琴的完美！"

师旷摇了摇头，表情凝重地说："大王，您错了。一张琴，之所以能够弹奏出动听的音乐，正是因为它上面的琴弦有短有长，有粗有细。一张琴中的大小弦各有不同的作用，大弦为主，小弦为辅，互相配合，才能弹出和谐美妙的乐曲。"

师旷吩咐侍者搬出了他原来使用的琴，手指在琴上划过，一串美妙的音符瞬时跃出，令人身心舒畅。

一张琴之所以能弹出高低音，是依靠琴弦的长短、粗细不同来实现的。按照星云大师的观点，像晋平公那样仅为达到外表的和谐与完美，而刻意求同的做法是不可取的。

事物各有长短，书生儒冠可以在朝侍奉君主，却不能跃马驰骋，纵横疆场；赤兔乌骓，能日行千里，但若将其放到屋里捕鼠，它们甚至比不上一只小野猫；紫电青霜是天下闻名的锋利宝剑，若借给木匠用来做木工活，可能还不如一把普通的斧头。

“梅须逊雪三分白，雪却输梅一段香。”宋代诗人卢梅坡借梅雪之争，告诫众生：人各有所长，也各有所短，这是自然之理，不必过于执著。取人之长，补己之短，才是正理，才得洒脱。

不为世俗羁绊，平生自得快活

星云禅话

在这个世界上，每个人每天同样拥有二十四小时，有的人活得很惬意，有的人却过得很苦恼。如何才能随性洒脱地生活？

星云大师为困惑中的人们指明了正确的方向：对感情要不执不舍，对五欲要不拒不贪，对世间要不厌不求，对生死要不惧不迷。

禅林雅苑

“幸为福田衣下僧，乾坤赢得一闲人；有缘即住无缘去，一任清风送白云。”这是百丈怀海禅师曾作的一首禅诗。在乾坤天地之间，有一个清闲自在的人，沐浴阵阵清风，仰观缕缕白云，随性而来，随缘而去，多么潇洒自在！此中情境，令人向往。

什么是真正的自在？

看看呱呱坠地的婴儿，生下来都是两手紧握，仿佛想要抓住些什么；看看垂死的老人，临终前都是两手摊开，撒手而去。命运是何等的弄人？当他双手空空来到人世的时候，偏让他紧攥着手；当他双手满满离开人世的时候，又偏让他撒开手。

既然如此，不如将一切放下。

唐代有一位丰干禅师，住在天台山国清寺。一天，他在松林漫步，山道旁忽然传来小孩啼哭的声音，他寻声望去，原来是一个稚龄的小孩，衣服虽不整，但相貌奇伟。丰干禅师问了附近村庄人家，没有人知道这是谁家的孩子。丰干禅师不得已，只好把这男孩带回国清寺，等待人家来认领。因为他是丰干禅师捡回来的，所以大家都叫他“拾得”。

拾得在国清寺安住下来，渐渐长大以后，上座就让他做行堂（添饭）的工作。时间久后，拾得也交了不少道友，其中与一个名叫寒山的贫子，相交最为莫逆，因为寒山贫困，拾得就将斋堂里吃剩的饭用一个竹筒装起来，给寒山背回去。

有一天，寒山问拾得说：“如果世间有人无端地诽谤我、欺负我、侮辱我、耻笑我、轻视我、鄙贱我、恶厌我、欺骗我，我要怎么做才好呢?”

拾得回答道：“你不妨忍着他、谦让他、任由他、避开他、耐烦他、尊敬他、不要理会他。再过几年，你且看他。”

寒山再问道：“除此之外，还有什么处世秘诀，可以躲避别人恶意的纠缠呢?”

拾得回答道：“弥勒菩萨偈语说——

老拙穿破袄，淡饭腹中饱，补破好遮寒，万事随缘了；

有人骂老拙，老拙只说好，有人打老拙，老拙自睡倒；

有人唾老拙，随他自干了，我也省力气，他也无烦恼；

这样波罗蜜，便是妙中宝，若知这消息，何愁道不了?

人弱心不弱，人贫道不贫，一心要修行，常在道中办。

如果能够体会偈中的精神，那就是无上的处世秘诀。”

有人谓寒山、拾得乃文殊、普贤二大士化身。台州牧闾丘胤问丰干禅师，何方有真身菩萨？告以寒山、拾得，胤至礼拜，二人大笑曰：“丰干饶舌，弥陀不识。”

意指丰干乃弥陀化身，惜世人不识。说后，二人隐身岩中，人不复见。胤遣人录其二人散题石壁间诗偈，今行于世。

寒山、拾得二大士不为世事缠缚，洒脱自在，其处世秘诀确实高人一等。

生活对于每个人来说，蕴藏着无限的哲理与深意，它就像一本书，只有用心去读，才能品味到生活中的学问。只有驾驭生活中的真理，眼光才能看得更远；深知生活中的诀窍，才能活得自在、洒脱。生活闪现着智慧与学问，只有用心去领悟，才能体验到自在的真谛。

竹杖芒鞋轻胜马，饥来吃饭困来眠，观潮起潮落，看清风送云。这又何尝不是禅者的智慧生活呢？

铅华洗尽，才有持久的美丽

星云禅话

世上最累人的事，莫过于虚伪地过日子。做真实的自己，活出自己的性格，才能得到发自内心的快乐。

然而，很多时候，迫于世俗的种种压力，真实的自我往往裹着厚厚的外衣，让人无法看到真正的面目。在星云大师眼中，浓妆艳抹固然别有风韵，但素面朝天同样令人心怡。

禅林雅苑

某一天，真实和谎言一起到河边洗澡。真实细致地刷洗着自己身上的污垢，而谎言则匆匆忙忙地洗完澡独自上了岸。

它偷偷穿上了真实的衣服，悄悄地溜走了。当真实上岸之后，找不到自己的衣服，却也不愿意穿谎言的衣服，于是只好一丝不挂地走回去，一路寻找着谎言。

从此，人们错把穿着衣服的谎言当做真实，百般敬重；而真实则因为一直赤身裸体而遭受别人的白眼和不屑。

披着“真实”外衣的“谎言”赢得了人们的尊重，而这些人，也必然会为自己轻率的判断付出代价，因为真实与谎言的最终结果，必然是“真实归于真实，谎言归于谎言”，正如佛教所说：“佛界的归于佛界，魔世的归于魔世。”

一个谎言需要一千个谎言来维持，这正是星云大师之所以认为虚伪过日子是世上最累人的事的原因。不管多么周密的谎言，总有一天会在阳光的照射下被揭穿。而赤裸裸的真实，也总能够绽放出自己华美的光彩。

浓妆艳抹的风姿虽然能够在第一时间吸引住别人的目光，但洗尽铅华后的本色才更加持久。

浪漫和现实是一对相识已久的恋人。

一次，为了考察现实对自己的忠诚程度，浪漫问：“你到底爱不爱我?”

“十二分地爱你!”现实回答。

“那假设我去世了，你会不会跟我一起走?”

“我想不会。”

“如果我这就去了，你会怎样?”

“我会好好活着!”

浪漫心灰意冷，深感现实靠不住，一气之下和现实分开了，去远方寻觅真爱。

浪漫首先遇到了甜言，接着又碰见蜜语，相处一年半载后，均感不合心意。过烦了流浪的日子，浪漫通过比较，觉得现实还是多少出色一些，就又来到现实身边。

此时，现实已重病在床，奄奄一息。

浪漫痛心地问：“你要是去世了，我该怎么办呢?”

现实用最后一口气吐出一句话：“你要好好活着!”

浪漫猛然醒悟。

现实给出的答案虽然并不能让人动心，但我们却无法不为它的真实所震撼。真正的浪漫，源自爱，也源自责任，甜言蜜语固然能让人得到一时的快乐，可是，它却不能成为终身的依靠。

爱情如是，世间万事哪一件不是如此?

人的生命很脆弱，从牙牙学语到撒手人寰，短暂的几十年我们从轻狂到沧桑，从迷恋刹那间流萤烟火的璀璨到回归理性的沉静，从喜欢浓重的斑斓色彩到挚爱着黑与白的变奏，这是生命成熟的必经阶段，也是铅华洗尽之后骤然的觉悟。

就像我们总是为路边默默开放的野花而感动，它们不施粉黛，无人宠爱，只有大自然的风吹日晒，间或有行人投去匆匆一瞥。它们一簇一簇地开放，平凡而美丽，不为惊叹的赞美，只为平凡的一生。

美丽，在洗尽铅华之后，永恒绽放！

第八章 做积极人，剪修生命的荒芜

星星会陨落，钻石也会粉碎，唯有积极的人生信仰，水漂不走，火烧不尽，恶风倾动不了。在星云大师眼中，一个积极的人当时常剪修生命中的荒芜，唯有如此，才能任凭人间蝶舞莺飞，心田自有桂树半亩。

不偷浮生半日闲

星云禅话

天行健，君子以自强不息。

星云大师说，人活着，不是为了一宿三餐；生命的意义，也不是在于奔走钻营；生命的价值，更不在于本身的条件优劣。上天有好生之德，人间有贫富贵贱，但生命是同等宝贵的。

如此宝贵的生命，我们又该如何看待呢？

禅林雅苑

“终日错错碎梦间，忽闻春尽强登山。因过竹院逢僧话，偷得浮生半日闲。”这是唐代诗人李涉所作的《题鹤林寺壁》。人失意之时，都希望能偷得半日空闲，在身心的放松中得到调整，然而星云大师认为人生的每一秒钟都应该好好把握，不能将心灵的放松等同于无谓的懈怠。

有一天，如来佛祖把弟子们叫到法堂前，问道：“你们说说，你们天天托钵乞食，究竟是为了什么？”

“世尊，这是为了滋养身体，保全生命啊。”弟子们几乎不假思索地回答。

“那么，肉体生命到底能维持多久？”佛祖接着问。

“有情众生的生命平均大约有几十年吧。”一个弟子迫不及待地回答。

“你并没有明白生命的真相到底是什么。”佛祖摇了摇头。

另外一个弟子想了想，说：“人的生命在春夏秋冬之间，春夏萌发，秋冬凋零。”

佛祖还是笑着摇摇头：“你觉察到了生命的短暂，但只是看到生命的表象而已。”

“世尊，我想起来了，人的生命在于饮食间，所以才要托钵乞食呀！”又一个弟子一脸欣喜地答道。

“不对，不对。人活着不只是为了乞食呀！”佛祖又加以否定。

弟子们面面相觑，一脸茫然，都在思索另外的答案。这时一个烧火的小弟子怯生生地说道：“依我看，人的生命恐怕是在一呼一吸之间吧！”佛祖听后连连点头微笑。

人的生命可以延续多长时间呢？佛祖的小弟子给了我们一个答案，生命就在一呼一吸之间。生命易逝，我们有什么理由不珍惜时间呢？

人是惜命的，希望生命长久，才会有那么多帝王将相苦觅长生之道，却依旧无法改变生命短暂的事实；人是有贪欲的，也是有惰性的，才会有那么多“鸟为食亡”的悲剧发生；而人又是争上游的，才会有那么多人只争朝夕，从不松懈。

世界上，只有时光和空间才是恒定的主人，人只不过是匆匆的过客。陆机在《短歌行》中曰：“人寿几何？逝如朝霞。时无重至，华不在阳。”的确，我们的生命就正如孔夫子脚下的流水“逝者如斯夫”，就像时钟的分针秒针都在滴滴答答不停地走着，甚至就像米兰·昆德拉所说：“我讨厌听我的心脏跳动，这是一个无情的提示，它提醒我生命的分分秒秒都被点数着。”

生命是虚无而又短暂的，它在于一呼一吸之间，在于一分一秒之中，它如流水般消逝，永远不复回。所以，当我们每天清晨从睡梦中醒来时，都应该感谢生命，感谢生活赐予了我们崭新的朝阳，崭新的熹光，崭新的夕阳。

生命短暂得如一颗流星，你稍不留神就与它擦肩而过。浪费生命是人生最大的悲剧，让我们每一天都在心灵的思索与生命的行走中获得充实的快乐吧！

理想让人生轻舞飞扬

星云禅话

俗话说：“行道要如水，立志要如山。不如水，不能曲达，不如山，不能坚定。”对生活怀有积极态度的人，也往往是胸中有志的人。他们的理想可以大如一座山峰，迎向风雨、傲视霜雪而巍峨不倒，也可以小到如一株野草，嫩叶匍匐在尘埃，根脉却伸向大地。

当谈到理想时，星云大师曾经感慨地说道，当今的青年最缺少的就是理想和抱负，而理想却是正当的希望，力量的源泉，快乐的源泉。所以，一个人的理想可以不远大，但却不可缺少，否则就会变得鼠目寸光，以至于一生碌碌无为。

禅林雅苑

每一个怀有积极态度的人，都有自己的理想，无论大小，无论清晰或者模糊，总有一个梦潜伏心底。梦想就像是沙滩上美丽的鹅卵石，陶冶着心灵，却硌痛了双脚，让人没有任何驻足的机会，只能起步飞扬，奔向梦想的远方。

星云大师认为，佛教虽然讲究众生平等，但是根据一个人对理想的态度，也可以将人分为上根、中根、下根三种等级。他解释说：上根的人将人生理想奉为做事的准则，为理想而辛苦工作，甚至奉献牺牲，在上根的人眼里，梦想能否实现并不重要，重要的是在行走的路上为理想付出一切；中根的人认为理想过于虚幻，因此更愿意凭经验踏踏实实做事，而很少会提前为自己设定某种目标；下根的人，凭需要而生活，所以只会为了自己的需要而努力生活，只讲需要而不谈理想和经验，就如凭本能而生活的其他动物一般。

一个没有理想与抱负的青年，便没有未来。所以，星云大师十分重视理想的力量，认为一个人要有抱负，有理想。人有了理想之后，工作就不会觉得辛苦，吃点亏也不会去计较，生活中也会增加很多力量。

在法国有一个普通的邮递员，每天奔走在各个村庄之间，为人们传送着邮件。

一天，他在山路上不小心摔倒了，不经意间发现脚下有一块奇特的石头，看着看着，他有些爱不释手，最后他把那块石头放进了邮包。

村民们看到他的邮包里还有一块沉重的石头，都感到很奇怪。

他取出那块石头晃了晃，得意地说："你们有谁见过这样美丽的石头?"

人们摇了摇头："这里到处都是这样的石头，你一辈子都捡不完的。"可是，他并没有因为大家的不理解而放弃自己的想法，反而想用这些奇特的石头建一座奇特的城堡。

此后，他开始了另外一种全新的生活。白天，他一边送信一边捡这些奇形怪状的石头；到了晚上，他就琢磨用这些石头来建城堡的问题。

所有的人都觉得他是疯了，因为这几乎就是不可能的事。

二十多年以后，在他的住处出现了一座错落有致的城堡，可在当地人的眼里，他是在干一些如同小孩建筑沙堡一样的游戏。

20世纪初，一位记者路过这里发现了这座城堡，这里的风景和城堡的建造格局令他慨叹不已，记者为此写了一篇文章。文章刊出后，邮差希瓦勒和他的城堡就成为人们关注的焦点，甚至艺术大师毕加索也专程拜访。

今天，这个城堡已成为法国最著名的风景旅游点之一。

据说，那块当年被希瓦勒捡起的石头，被立在入口处，上面刻着一句话："我想知道一块有了愿望的石头能走多远。"

一个有理想、有热情，对生活充满期待并肯为之付出努力的人，不仅能将自己的理想化为现实，就连石头也能在其感召下开始远行。

理想，可以引导一个人走上正途。所谓“哀莫大于心死”，在星云大师看来，一个人最悲哀的事情就是没有理想。一个没有希望的人，眼前将始终暗淡无光。他说：“就算猫狗，也希望有美好的三餐；就算花草，也希望朝露的滋润；何况万物之灵的人类，怎能没有正当的希望，怎能没有崇高的理想？”

美国有一位哲人曾经说过：“很难说世上有什么做不了的事，因为昨天的梦想可以是今天的希望，还可以是明天的现实。”理想是每个人生命中不可或缺的部分，没有泪水的人，他的眼睛是干涸的；没有梦想的人，他的世界是黑暗的。怀揣理想，人生也可轻舞飞扬。

切忌不耐烦而无恒

星云禅话

星云大师常常将身心浮躁的人比作滚动的石头，而滚动的石头是无法长出苔藓，从而也很难成为坚固不移的磐石。现在的年轻人，往往缺少耐心，在一个地方住久了就开始厌倦，读书读久了也不耐烦，工作时间不长就计划着跳槽。

“不耐烦”的毛病病因在于“无恒”，而恒心对于人生却是极为重要的。星云大师开示：“因为耐烦有恒，读书才会通晓；因为耐烦有恒，做人才能通达；因为耐烦有恒，修行才有成就；所以说‘耐烦做事好商量’。”

禅林雅苑

俗话说：“有恒为成功之本。”无论做任何事情，恒心都是不可缺少的。如果不耐烦而没有恒心，即使掘井九仞，如果不再继续，仍然没有水喝，所有的努力到最后都会功亏一篑。持之以恒的人会在人生的后程发力，经过长时间的积蓄，厚积薄发，往往能笑到最后。

在星云大师的故乡，曾经有一位年轻貌美的信女，她的母亲得了一场重病，当所有人都觉得老人在劫难逃时，她的母亲却奇迹般地康复了。信女相信这是由于观音菩萨的保佑，因此发愿要用头发来绣一尊二丈高的观音圣像。六十年过去了，当这位年轻貌美的小姐已经变成老态龙钟的老太婆时，这幅神态庄严、面相慈祥的观音圣像也终于绣好了，此时，她那一双秋水般的眼睛也早已瞎了。当有人大叹“不值”时，她却淡定地微笑着。时至今日，依然有人为她的持之以恒的精神所感动，连星云大师都不由得赞叹：“她的耐烦有恒，非常人所能及！”

人生的定论并非单纯是由个人禀赋决定的，一个人，只有保持坚毅的决心，付出努力，才能一步步接近成功的终点。

弟子们问禅师：“老师，如何才能成功呢？”

禅师对弟子们说：“今天咱们只学一件最简单也是最容易的事。每人把胳膊尽量往前甩，然后再尽量往后甩。”说着，禅师示范了一遍，说道：“从今天开始，每天做300次。大家能做到吗？”

弟子们疑惑地问：“为什么要做这样的事？”

禅师说：“做完了这件事，一年之后你们就知道如何能成功了！”

弟子们想：“这么简单的事，有什么做不到的？”

一个月之后，禅师问弟子们：“我让你们做的事，有谁坚持做了？”大部分的人都骄傲地说道：“我做了！”禅师满意地点点头说：“好！”

又过了一个月，禅师又问：“现在有多少人坚持着？”结果只有一半的人说：“我做了！”一年过后，禅师再次问大家：“请告诉我，最简单的甩手运动，还有几个人坚持着？”这时，只有一人骄傲地说：“老师，我做了！”

禅师把弟子们都叫到跟前，对他们说：“我曾经说过，做完这件事，你们就知道如何能成功了。现在我想要告诉你们，世间最容易的事常常也是最难做的事，最难的事也是最容易的事。说它容易，是因为只要愿意做，人人都能做到；说它难，是因为真正能做到并持之以恒的，终究只是极少数人。”

后来一直坚持做的那个弟子成为了禅师的衣钵传人，在所有的弟子中只有他成功了！

从这个故事中，我们不难看出，人的成长是一个漫长的较量过程，能否取得最后的胜利，不在于一时的快慢。如果你能够在自己成长的道路上静下心来，遇到困难不气馁、不灰心，矢志不移地前进，那么你必将获得最后的胜利。

从古至今，所有追求成功的人都必然付出长久的努力，汉朝的董仲舒，青年时代立志向学，三年不窥园，终于成为一代名儒学者；晋朝王羲之，临池磨砚，终于成为旷古书法大家。世上无难事，只怕有心人。持之以恒，便没有爬不上的高峰，也没有跨不过的沟坎。

安逸是人生的无底陷阱

星云禅话

在红尘中摸爬滚打多年的人，常常希望获得一份安逸的生活，却容易忘记“居安思危”的道理。

星云大师提醒身处安逸中的人们：人在安逸中常常忘记了自己的使命，甚至原来的自己；在安逸中常常不能忍受挫折，心也容易受影响、受波动；在安逸中自己的信心也很容易流失，甚至失去原本光明的本性。所以，居安思危，安逸之人一定要守住自己的本心。

禅林雅苑

有两只老虎，一只在笼子里，一只在野地里。

在笼子里的老虎三餐无忧，在野地里的老虎自由自在。

笼子里的老虎羡慕野地里老虎的自由，野地里的老虎却羡慕笼子里老虎的安逸。一日，一只老虎对另一只老虎说：“咱们换一换。”另一只老虎同意了。

于是，笼子里的老虎走进了大自然，野地里的老虎走进了笼子。从笼子里走出来的老虎高高兴兴，在旷野里拼命奔跑；走进笼子里的老虎也十分快乐，它再也不用为食物发愁了。

但不久，两只老虎都死了。

一只是饥饿而死，一只是忧郁而死。从笼子中走出的老虎获得了自由，却没有同时获得捕食的本领；走进笼子的老虎获得了安逸，却没有获得在狭小空间生活的心境。

笼子中的老虎在长期安逸的生活中丧失了求生本领，笼子外的老虎则无法适应那种失去自由的安逸，两只老虎都因这陷阱般的安逸而失去了性命。

每个人都向往安逸的生活，经过长途跋涉，短暂的安逸生活可以使我们得到休息和宁静。但是长期的安逸，会磨灭人的理想，摧毁人的斗志，最终毁掉其一生。一开始就选择享受的人和一开始就执著奔波、千锤百炼的人，最后的结局往往是后者成了珍品，前者成了废料。

无德禅师在收学僧之前，叮嘱他们把原有的一切都丢在山门之外。禅堂里，他要学僧“色身交予常住，性命付给龙天”。但是，有的学僧好吃懒做，讨厌做活；有的学僧贪图享受，攀缘俗事。于是，无德禅师讲了下面这个故事：

有个人死后，灵魂来到一个大门前。进门的时候，司阍对他说：“喜欢吃吗？这里有的是精美食物。你喜欢睡吗？这里想睡多久就睡多久。你喜欢玩吗？这里的娱乐任你选择。你讨厌工作吗？这里保证你无事可做，没有管束。”

这个人很高兴地留了下来，吃完就睡，睡够就玩，边玩边吃。三个月下来，他渐渐觉得没有意思了，于是问司阍道：“这种日子过久了，也不是很好。玩得太多，我已提不起什么兴趣；吃得太饱，使我不断发胖；睡得太久，头脑变得迟钝。您能给我一份工作吗？”

司阍答道：“对不起！这里没有工作。”

又过了三个月，这人实在忍不住了，又问司阍道：“这种日子我实在没法忍受，如果没有工作，我宁愿下地狱！”

司阍带着讥笑的口气回答：“这里本来就是地狱！你以为这里是极乐世界吗？在这里，你没有理想，没有创造，没有前途，没有激情，你会失去活下去的信心。这种心灵的煎熬，更甚于上刀山下油锅的皮肉之苦，你当然受不了啦！”

过于安逸的生活真如地狱一般，甚至比地狱更加可怕。当一个人所有的智慧与能力都在这样的地狱中消磨殆尽的时候，再后悔已经来不及了。

人的一生，都要经受安逸的诱惑。三伏天，酷暑难当，曝晒的烈日之下与凉风习习的河边，你会选择哪一个？三九日，冰天雪地，寒风凛冽的狂野与温暖如春的炉火旁，你又会如何取舍？只怕，大多数人都会选择后者，这种安逸正是人生的软陷阱。

安逸是通往成功之路的最大障碍，而只有艰难困苦，才能玉汝于成。如何取舍，你是否已经明白了呢？

在勤奋中创造光明

星云禅话

佛教是讲求奋斗与进取的宗教。俗话说："各人吃饭各人饱，各人生死各人了。"因此，人要想实现自己的人生目标，就必须像星云大师所言，在勤劳奋斗中创造光明，在勤劳奋发中完成理想。

禅林雅苑

一位哲人曾经说过："世界上能登上金字塔顶的生物只有两种：一种是鹰，一种是蜗牛。不管是天资奇佳的鹰，还是资质平庸的蜗牛，要登上塔尖，极目四望，俯视万里，都离不开两个字——勤奋。"

对于一个人的发展与成长而言，天赋、环境、机遇、学识等外部因素固然重要，但更重要的是自身的勤奋与努力。没有自身的勤奋，就算是天资奇佳的雄鹰也只能空振双翅；有了勤奋的精神，就算是行动迟缓的蜗牛也能雄踞塔顶，观千山暮雪，看万里层云。成功不仅单纯依靠能力和智慧，更要靠每个人自身孜孜不倦地勤奋工作。

鉴真法师刚入空门时，住持要他从最辛苦的行脚僧开始磨炼。

有一天，已经日上三竿了，鉴真仍未起床，住持觉得纳闷，便到鉴真的寝室里巡视。

住持推开房门，只见床边堆了一堆破破烂烂的草鞋，住持叫醒鉴真："今天你不出外化缘吗？床边堆的这些破草鞋是用来做什么的？"

鉴真打了个哈欠说："这些是别人一年都穿不破的草鞋，如今我剃度一年多，却穿破了这么多鞋，今天我想为庙里节省一些鞋。”

住持听了之后，笑了笑对鉴真说：“昨夜外头下了一场雨，你快起来，陪我到寺前走走吧！”

昨夜的一场雨，使寺前的黄土坡变得泥泞不堪。

忽然，住持拍了拍鉴真的肩膀说：“你是要当个只会撞钟的和尚，还是想成为能发扬佛法普度众生的名僧？”

鉴真说：“当然是发扬佛法的名僧啊！”

住持捻须一笑，接着说：“你昨天有没有走过这条路？”

鉴真说：“当然有！”

住持又问：“那么你现在找得到自己的脚印吗？”

鉴真不解地说：“昨天这里原本是平坦、坚硬的道路，今天变得如此泥泞，小僧如何能找到自己的脚印？”

住持接着又笑了笑，说道：“那我们今天在这条路上走一回，你能找到你的脚印吗？”

鉴真自信地说：“当然能了！”

住持微笑着说：“是的，只有泥泞路才能留下足印啊！只要经过艰苦的跋涉，终有一天会留下痕迹的，一如此刻，我们行走在这片泥地上，不管走得多远，足印都会深深地留在泥地里，印证我们的存在。”

勤奋的人，每一步迈出去都会留下深深的脚印，一个挨着一个，通向成功的终点。

不要只羡慕鲜花的芬芳，没有泥土的滋养，它们也没有绽放的机会，所有成功的背后都必定有辛勤的耕耘。一分耕耘，总有一分收获，泥泞的道路上布满勤奋的脚印，路的那一端才真正通向成功。

成功的得来不像老鹰抓小鸡那样容易，而是勤奋工作得来的。只有辛勤劳动，才会有丰厚的人生回报。即使给你一座金山，你无所事事，也会有坐吃山空的一天。传说中的点石成金之术并不存在，在劳动中获得的财富才是最正确的途径。

想获得成功，唯一的方法就是辛勤耕耘。在勤奋中创造光明，必将得到生活的奖赏。

平静湖面练不出精干水手

星云禅话

莲花因为污泥，而更庄严清净；鲑鱼因为逆游，而更勇猛奋进；探索者不怕危险困难，正因为可以挑战自己的体能极限；参禅者不怕腿酸脚麻，也是向自我内在的陋习挑战。

星云大师说，人生正是因为有着种种的横逆阻拦，而我们不断超越升华，才显出意义。因此，人生困顿，更要坚强；世道崎岖，更要勇敢；处事难公，更要自爱；做人难正，更要实在。

禅林雅苑

有这样一句偈语：花繁柳密处拨得开，方见手段；风狂雨骤时立得定，才是脚跟。

平静湖面，怎能练出精干水手？只有经得起考验的，才是最好的。

一个修佛的人要想成就正果，必须经历千万重考验，才能真正达到幸福的彼岸；一个红尘俗人，只有承受住生活的磨炼，才能够提升生命的质量。

佛经中记载了这样一则故事：

作恶多端且杀生无数的鸯掘摩在皈依佛门，加入比丘群后，知道过去所做的恶业必定要接受上天的磨难，于是请求佛陀给他一段时间，接受身心的考验。

他独自前往荒郊野外，无畏于日晒、雨淋、风吹，在树下静坐，累了就到洞里休息。吃的是树根、野草，穿的是破布缝补成的衣服，甚至破烂到全身裸体。无论是酷暑还是严寒，都不能动摇他修行的决心，他可以说是苦人所不能苦、修人所不能修。

过了很长时间，有一天，佛陀告诉鸯掘摩："你身为比丘，应该要走入社会人群。"鸯掘摩听从佛陀的话，跟其他比丘一样到城里托钵。

然而，人们看到他就很厌恶，不但大人辱骂他，连小孩看了他也纷纷躲避。鸯掘摩向一位怀孕的妇人托钵，那妇人突然肚子痛得哀天叫地。

鸯掘摩回到精舍，将经过告诉了佛陀。"受人厌弃、咒骂，这些我都不在意，因为我以前做过太多坏事，这是我罪有应得。但是，那位怀孕的妇人一看到我，连胎儿也不得安位，我该怎么做才能解除她的痛苦呢?"

佛陀要鸯掘摩再回去那户人家，向妇人腹中的胎儿说："过去的我已经死了，现在我重生在如来的家庭，已经守戒清净，再也不会杀生了。"果然，当鸯掘摩将此话对那位妇人反复说了三次后，妇人腹中的胎儿就安定下来了。

此后鸯掘摩比丘走入人群托钵，仍然有人会用石头和砖块扔他，甚至拿棍子打他，但鸯掘摩都没有怨言，也不躲避。

有一天，佛陀看鸯掘摩全身是血，而且都青肿了，心疼地对他说："你过去造的恶业确实很多，所以得长期接受磨炼。你要时时把心照顾好，耐心地接受这份果报。"

鸯掘摩比丘平静地说："我过去杀生太多、作恶多端，是罪有应得。只要我不迷失道心，即使生生世世要接受天下人的身心折磨，我也愿意。"

佛陀听了很安慰，赞叹并勉励他自我觉悟，磨尽一切罪业。最终，鸯掘摩比丘修成了正果。

鸯掘摩比丘修行的过程是痛苦且艰难的。一个人，想要成功地做成某事，必然会经历各种各样的波折，这个过程，就是一个严酷的考验过程，如果不能忍受其中的痛苦，绝不会获取成功。唯有历经考验的人，才能走到成功的彼岸。

在平静的港湾中生活的人，很难体会到与风浪搏斗的乐趣，也很难享受到成功之后的喜悦。只有驾驭过惊涛骇浪，才能体会到搏击的快乐。

第九章　做好学人，活到老学到老

知识，如明镜一般，为人生映照出一个个亮面。一个好学的人，能够在学习中增长知识，修炼涵养，培养气质，使自己成为一个发光体，并与世界的灿亮接壤。

书中莲花朵朵开

星云禅话

在世人眼里，星云大师是生活的智者、心灵的导师，而他自己，对读书学习也从未有过丝毫的放松。在他的眼中，书中的美妙境界让人流连忘返。

有的人读地理名胜，可以遨游天下；有的人读历史掌故，可以和古人神交。有的人爱好文学，春花秋月，情境义理，妙味无穷；有的人喜欢理工，一个细胞，一粒分子，他也可以从中找出另外的一番天地。

手捧书卷，馨香飘溢，华光绽放。

禅林雅苑

傍晚时分执卷而读，看着从窗外斜斜地洒进屋内的几束淡淡的阳光，柔和而细腻，一种亲切与淡定的氛围便悄然地蔓延到心间。当阳光轻灵地在纸上跳跃，当微风静静地在纸上摩挲，窗外树叶斑驳的影子错落着在书页上起舞，一股淡淡的墨香沁人心脾。

书籍可以把我们引入一个神奇、美妙的世界，使我们的生活更加丰富多彩、乐趣无穷，同时，还可以使我们从书中获得人生经验。因为人生短暂，不可能事事都去亲身体验，书中的间接经验，将有效地补充一个人经历的不足，增添生活的感受。

宋真宗赵恒曾经说过："富家不用买良田，书中自有千钟粟；安居不用架高堂，书中自有黄金屋。出门莫恨无人随，书中车马多如簇。娶妻莫恨无良媒，书中自有颜如玉。男儿若遂平生志，六经勤向窗前读。"

古人常常将读书作为求官得名的途径，这是从功利角度来讲的。古人还说，腹有诗书气自华，最是书香能致远。多读书，多感悟，方能从中获益良多。

宋朝初年，宋太宗赵匡义非常喜欢读书，他曾命文臣李昉等人编写了一部规模宏大的分类百科全书——《太平总类》。这部书收录了1600多种古籍的内容，分类归成55门，共1000卷。

这部书编完之后，宋太宗给自己定下一个规定，一年之内全部将其看完，也就是每天至少要看两三卷，于是这卷书也被更名为《太平御览》。当宋太宗做出这个决定之后，曾有人觉得皇帝每天要处理那么多国家大事，还要去读这么多书，实在是太过于辛苦，于是劝他多休息，少看一些，以免过度劳神。

可是，宋太宗回答说："我很喜欢读书，从书中我常常能得到乐趣，多看些书，总会有益处，况且我并不觉得劳神。"

于是，他仍然坚持每天阅读三卷，有时因国事忙耽搁了，他也要抽空补上，并常对左右的人说："开卷有益，朕不以为劳也。"

开卷有益，读书，可以彻悟人生道理；读书，可以洞晓世事沧桑；读书，可以广济天下民众。捧一帧书册，看史事五千；品一壶清茗，行通途八百。无须走马塞上，你便可看楚汉交兵；无须程门立雪，你便可听师长之谆谆教诲。

当我们畅游于书海中的美妙境界时，就能够像星云大师所说的那样，感受到清泉一样的清澈与灵活，嗅到沁人心脾的墨香。

三更有梦书当枕

星云禅话

读书要珍惜时间，懂得利用零碎的时间来读书，不要让光阴白白溜走。星云大师常常说："公路、天空是我的床铺，汽车、飞机是我的餐厅，一本书和膝盖是我的书桌，一支笔是我所有的动力。"

禅林雅苑

《越绝书·外传枕中》云："以丹书帛，置之枕中，以为国宝。"

这大概是"枕边书"最早的由来。夜阑人静时，捧一卷书在手，随手翻阅，自在消遣，心也随书中内容遨游于天际，喜悦从心底油然而起，不啻为一大清福。

星云大师告诫众生读书当善用时间，读书要刻苦。俗话说"黑发不知勤学早，老来方悔读书迟"，与其日后悔恨对光阴的虚度，不如将现在零碎的时间积累起来，日复一日，年复一年，这将是一笔可观的时间财富。

三国时董遇读书的方法是"三余"：冬者岁之余，夜者日之余，阴雨者晴之余。也就是说，充分利用寒冬、深夜和阴雨天，别人休息的时间发奋苦学。他还认为"三余广学，百战雄才"。

宋代的钱惟演曾任右神武将军，他在文学方面也造诣颇深。他从小生长在富贵人家，却没有不良嗜好，唯一的兴趣就是读书。他曾经对僚属们说，他平生唯独爱好读书，坐着读经书、史书；躺下后则读先秦百家著作和各种杂记，如厕的时候则读小令。

谢希深也曾经说："和宋公垂一起在史院的时候，他每次如厕一定带上书，读书之声，清脆响亮，远近都能听见，好学竟到了如此地步。"对此，欧阳修回答说："余平生所做文章，多在三上——马上、枕上、厕上。"

闲暇时间里确实蕴藏着伟大的力量，它足以使你成为不同寻常的人。古今中外，凡事业有成者，都是十分珍惜和善于驾驭闲暇时间，并充分利用时间学习的人。

读书学习，时间的保证非常重要，同时，还需要有一种刻苦的精神。所以既有车胤聚萤读书，又有孙敬头悬梁，苏秦锥刺股。

出生于晋朝的车胤，本来是富家子弟，但年幼时遭逢变故，家道中落，变得一贫如洗，但他在逆境中保持着积极的学习态度。

他年轻时很懂事，又能吃苦耐劳，只是白天要帮人干活，没时间读书。晚上有时间读书了，却又没有钱买灯油。一个凉风习习的夏夜，车胤在院中散步的时候看见几只萤火虫在飞舞，点点萤光在黑夜中闪动。他灵机一动，捉来许多萤火虫，把它们放在一个用白夏布缝制的小袋子里，因为白夏布很薄，可以透出萤火虫的光，他把这个布袋子吊起来，就成了一盏夜明灯。

车胤不断苦读，终于成为著名的学者，而囊萤读书的故事也成为千古美谈。

学习本就是一件苦差事，"春天不是读书天，夏日炎炎正好眠，待到秋来冬又至，收拾书包过新年。"这首流传已久的打油诗念起来朗朗上口、节奏分明，一直被不肯用功的读书郎当做懒惰的借口。可是，在古代诸多刻苦求学的圣贤面前，那些懒汉们难道不会觉得羞愧吗？

有人说："我宁愿做一个穷人，住在藏书很多的阁楼里，也不愿当一个不能读书的国王。"在枕下、床头摆几本可读之书，华灯初上之时，取一本好书，斟半杯清茶，慢慢研读，细细品茗，做一个真正快乐的书海泛舟之人。在漫漫的人生中，若能有书相伴，不失为一种莫大的幸福！

学习是一种偏执

星云禅话

有人说，成功来自偏执。学习常常也需要一种执著的精神，一股打破沙锅纹（问）到底的劲头，就像星云大师所言："除非不学，要学就要学会，否则绝不放弃；除非不问，要问就要问懂，否则绝不放弃；除非不想，要想就要想通，否则绝不放弃；除非不知，要知就要知透，否则绝不放弃。"

只有以这种精神来学习，才能获得真知。

禅林雅苑

学习要有一种打破沙锅纹（问）到底的精神。人们常用泥烧制成沙锅，来熬制中药或在冬季煨烫，这种锅使用起来很方便，但是也非常容易打碎，而且一碎就会一裂到底。后来世人常常用"打破沙锅纹（问）到底"来形容执著的求证精神。

净居寺有一位比丘尼名唤玄机，常常在大日山的石窟中打坐参禅。有一天，她突然想到，世人皆爱喧嚣，而自己却在寂静中得到了快乐，瞬间，她觉得自己开悟了。

于是，她动身前去拜访雪峰禅师，想去请雪峰禅师确认自己是否已经到达了禅的无上境界。

雪峰禅师问道："你从什么地方来?"

玄机回答道："从大日山而来。"

雪峰用机锋语问："既然是大日山，那么太阳出来了没有呢?"

玄机不甘示弱地回答："太阳一直未曾出来，假如太阳出来了，雪峰必然会融化。"

雪峰禅师对她的机智非常赞赏，于是又问："你叫什么名字?"

"玄机。"

"那你一天能织多少布呢?"

"寸丝不挂!"玄机说完，便觉得自己的回答一定会得到雪峰禅师的赞赏，于是起身告辞后便往外走。

雪峰禅师突然喊住她："玄机，你的袈裟拖到地上啦!"

玄机一听，赶紧回头去扯自己的袈裟衣角。

雪峰禅师哈哈一笑："好一个寸丝不挂!"

这位比丘尼本已经懂得了禅的机锋，能够比较自如地应对雪峰禅师的考问，但是一听到禅师说袈裟拖到了地上，马上就做出了和普通人一样的反应，可见她只知道如何解释自己的名字，并未在心中做到了无挂碍，也就是说她并没有真正懂得禅的意义。人一旦陷入这种明明不"知"却自以为"知道"的误区，就很难对自己做出准确的定位。

知之为知之，不知为不知，以不知为知，是一种无益的虚荣。

真正的真理是经得起考验的，所以越是经过反复推敲与验证的事实距离真理越近，也越能经得起时光的考验，其散发出来的光热，在未来的日子里，会照亮更多人的前途，温暖更多人的人生。

学习的目的是为了获得真理，从而体验生活的更多乐趣，在有限的生命中创造无限的价值。然而获得真理的道路总是崎岖的，真理不是杂草，尽管随风飘落的草籽也可蓬勃生长，但终会被铲除而难以营造茵茵绿岛；真理像是玫瑰，总能在枝头绽放出别致的美丽，但并非一伸手就可摘到，那些锐利的刺儿，像是盾牌一样，令人知难而退。

冰心曾说："成功的花，人们只惊慕她现时的明艳，然而当初她的芽儿，浸透了奋斗的泪泉，洒遍了牺牲的血雨。"真理的获得也是如此，只有勇敢的、执著的，甚至有些偏执的人，才能在学习中获得最宝贵的真理。

操千曲而后晓声，观千剑而后识器

星云禅话

星云大师曾将普贤菩萨的十大愿望改以现代文，当做自己的人生目标：

一者礼敬诸佛，我愿自今以后实践人格的尊重；二者称赞如来，我愿自今以后实践语言的赞美；三者广修供养，我愿自今以后实践心意的布施；四者忏悔业障，我愿自今以后实践行为的改进；五者随喜功德，我愿自今以后实践善事的资助；六者请转法轮，我愿自今以后实践佛法的弘传；七者请佛住世，我愿自今以后实践圣贤的保护；八者常随佛学，我愿自今以后实践真理的追随；九者恒顺众生，我愿自今以后实践民意的重视；十者普皆回向，我愿自今以后实践圆满的功德。

大师有十大誓愿，而最后一桩却归于对圆满功德的实践。一切过程都必将结束于实践之中，学习亦是如此。

禅林雅苑

古人云："读万卷书，行万里路。"满腹经纶却不知如何运用的人被称为"思想的巨人，行动的矮子"。这样的"矮子"很多，既有赵括纸上谈兵成为千年笑柄，又有马谡痛失街亭万古遗恨。所以古人又说："纸上得来终觉浅，绝知此事要躬行。”

行，既是行动，也是行走，行动是一种随时而发的实践，行走是永远身在途中的状态。也就是说，修行与学习相伴相随，永远都不会停止。

唐代的智闲和尚曾拜灵佑禅师为师，有一次，灵佑问智闲：“你还在娘胎里的时候，在做什么事呢?”

“还在娘胎里的时候，能做什么事呢?”他冥思苦想，无言以对，于是说：“弟子愚钝，请师父赐教!”

灵佑笑着说：“我不能说，我想听的是你的见解。”

智闲只好回去，翻箱倒柜查阅经典，但没有一本书是有用的。他这才感悟道：“本以为饱读诗书就可以体味佛法，参透人生的哲理，不想都是一场空啊!”

灰心之余，智闲一把火将佛籍经典全部烧掉了，并发誓说：“从今以后再也不学佛法了，省得浪费力气!”于是他前去辞别灵佑禅师，准备下山，禅师没有任何安慰他的话，也没有挽留他，任他到自己想去的地方。

智闲来到一个破损的寺庙里，还过着和原来一样的生活，但心里总是放不下禅师问他的话。有一天，他随便把一片碎瓦块抛了出去，瓦块打到一棵竹子上，竹子发出了清脆的声音。智闲脑中突然一片空明，内心澎湃。他感到了一种从未体验过的颤抖和喜悦，体验到了禅悟的境界。

他终于醒悟了：“只有在生活实践中自悟自证，才能获得禅旨的真谛。”于是他立即赶到灵佑禅师身边说：“禅师如果当时为我说破了题意，我今天怎么会体会到顿悟的感觉呢?”

真正的学禅绝不仅仅是参参禅，念几句弥陀，而更在于参悟禅宗道理，在于以慈悲的“行”来实践开悟的“知”。生活中所有的事情都是如此，“纸上得来终觉浅，绝知此事要躬行”，无论是自己在经典中学到，还是由圣人大德告知，都不是真正的懂得，仍然需要通过亲身实践来参悟。

佛法是需要修证的，一个人去修证、实践佛法不一定能成佛，但一个不去修证、实践的学佛者则绝不可能获得解脱。星云大师主张人要实践的原因也正在于此。

刘勰曾在《文心雕龙》中说："操千曲而后晓声，观千剑而后识器。"练习一千支乐曲之后才能懂得音乐，观察过一千柄剑之后才知道如何识别剑器。要学会一种技艺，不是容易的事；做个鉴赏家，也要多观察实物，纸上谈兵是不行的。所以，并非埋头死读书，读书破万卷与在读书中实践是相辅相成的，只有如此，学习才能有所获益。

为学路上先学做人

星云禅话

人立于世，应该学习的事情很多。学习游刃有余的处世技巧，学习赖以生活的生存技能，学习谦卑有节的交往礼仪，学习滋养身心的知识。有些学习是人生某个阶段所不可缺少的，还有一些，却是相伴终生、没有止境的，比如学做人。

星云大师曾经有一位徒弟，大学毕业之后又到海外求学，在夏威夷读了硕士，又到耶鲁攻读了博士学位。学成归国之后，他前来拜会星云大师，并求教说："师父，我现在已经是博士了，以后还要再学习什么呢？"大师淡然一笑，回答说："学习做人。"

禅林雅苑

学习做人是一辈子的事情，除非埋人黄土，否则是没有办法毕业的。

人生苦短却又坎坷残酷。与其将自己放逐于无际的黑暗中，不如静下心来，平平淡淡、踏踏实实地做人。一个人的学识也许尚在其次，但人品却决定着他做人的格局和生活的格调。

良宽禅师终生修行修禅，从来没有懈怠过一天，他的品行远近闻名，人人敬佩。

在他年老的时候，家乡传来一则消息，说禅师的外甥不务正业，吃喝嫖赌，五毒俱全，快要倾家荡产了，而且经常为害乡里。家乡父老都希望这位禅师舅舅能大发慈悲，救救外甥，劝他回头，重新做人。

良宽禅师听到消息后大感惊讶，他虽然很多年没有见过这个外甥，但却知道这个外甥自幼苦读，学识颇深，不知缘何却没有在书本中学到些许做人的道理。

禅师不辞辛劳，立即往家乡赶。他风雨兼程，走了半个月的时间，终于回到了家乡。这位外甥久闻舅舅的大名，心想以后可以在狐朋狗友面前吹嘘一番了，因此也非常高兴，并且特意留舅舅过夜。

家人也很高兴，心想禅师可以好好规劝一下这个浪荡子了。外甥却寻思，舅舅虽然名气很大，但如果他对我说教，我可要好好捉弄他一下，杀一杀他的威风。

令人深感意外的是，晚上，良宽禅师在俗家床上坐禅坐了一夜，并没有劝说什么。外甥不知道舅舅葫芦里卖的是什么药，惴惴不安地勉强熬到天亮。禅师睁开眼睛，要穿上草鞋，下床离去。他弯下腰，又直起腰，不经意地回头对他的外甥说：“我想我真的老了，两手发直，穿鞋都很困难，可否请你帮把我草鞋带子系上？”

外甥非常高兴地照办了，良宽慈祥地说：“谢谢你了！年轻真好啊，你看，人老的时候，就什么能力都没有了，可不像年轻的时候，想做什么就做什么。你要好好保重自己，趁年轻的时候，把人做好，把事业的基础打好啊，不然等到老了，可就什么都来不及了！”

禅师说完这句话后，掉头就走。

但就从那一天起，他的外甥再也不花天酒地地去浪荡了，而是改邪归正，努力工作，像换了个人似的。

良宽禅师并没有用什么大道理规劝外甥，其实，那些说教的言语想必他的外甥也很清楚，只是他并没有在做人时照着实行而已。

先学做人，继学知识，再求成佛，这是世间不变的道理。星云大师开示众生：“要放下万缘全部接受，事事好奇处处学习，求精求全瞻前顾后，自己无理别人都对，眼光要远脚步要近，忍耐办事委屈做人。”这既是求学的态度，更是做人的原则。

人非圣贤，总是难以做到尽善尽美，自然也难以避免会有瑕疵。虽不能面面俱到，但在茫茫的人生路上，还是要时刻给自己亮起一盏心灯，照亮方向，磨砺品性，把人做好。

第十章 做富贵人，另类的财富

在星云大师看来，真正的富人，不一定有良田万顷，但却有自己的一方心斋；不一定有豪宅香车，但定有温馨家庭；不一定有万千追随者，但定有知己挚友。人生在世，钱固然重要，但却绝非万能。除了金钱之外，还有很多更值得追求的东西。

知足是天下第一富

星云禅话

人人都渴望得到财富，而财富究竟为何物?

星云大师在《求财富祈愿文》中向佛陀祈求七种财富：

第一种，祈求您给我健康的身体。

第二种，祈求您给我慈悲的心肠。

第三种，祈求您给我智能的头脑。

第四种，祈求您给我勤俭的美德。

第五种，祈求您给我宽广的胸怀。

第六种，祈求您给我内心的智能。

第七种，祈求您给我世间的因缘。

这七种财富，都是我们通过自我修炼能够获得的，并且是真正的、自在的不会拖累己身的财富。

禅林雅苑

人生走到暮年，已垂垂老矣，当只有回忆占据内心时，历数一生的喜怒哀乐以及繁华落寞，怎样的来路才会让人感觉到充实呢？若将财富得失的心态抛至脑后，我们很容易发现，自己原来一直如此富有。

从前，有一个青年总是哀叹自己命运不济，生活多舛，既发不了财也求不到一官半职，终日愁眉不展。一天，他在路上偶遇了一个老和尚，当他看到老和尚一脸的平静祥和时不由得叹了口气。

老和尚拦住青年，问他为何叹气，青年说："我看到你开心的样子觉得很羡慕。为什么我总有这么多的烦恼？为何我既没有一技之长而又一贫如洗？"

老和尚说："年轻人，你明明很富有啊！"

青年问："富有？我除了烦恼什么也没有。"

老和尚并没有急着解释，而是继续问他："那么，假如有人给你一千两银子，换你十年的寿命，你换吗？"

"当然不换！"

"给你五千两银子，换你的健康，你换吗？"

"不换！"

"给你一万两银子，换你的生命，你换吗？"

"不换！"

老和尚顿时笑了："年轻人，到现在为止你至少拥有一万六千两银子了，难道还不够富有吗？"

青年人的烦恼来自于未能真正认识到自己所拥有的财富，他只是看到了自己缺少的东西，却从未看到自己所拥有的东西。若能知足，则一切烦恼自会迎刃而解。

人常说，知足常乐。知足是一种处世态度，常乐是一种释然的情怀。知足常乐，贵在珍惜，珍惜自己所拥有的一切，不抱怨不贪求。当我们都在忙于追求、拼搏而失去方向的时候，知足常乐，这种在平凡中渲染的人生底色所孕育的宁静与温馨，对于风雨兼程的我们是一个避风的港口。真正做到知足常乐，人生会多一份从容，多一些达观。

做人要知道满足，要懂得珍惜，不可贪得无厌。每个人出生时不可能都含着一把通向富贵、幸福之路的钥匙，但是每个人都拥有一双勤劳的手，不要把对美好生活的期待寄托在上天的恩赐上，美好的生活应该靠勤劳的双手去创造。

对于一个不知足的人来说，天下没有一把椅子是舒服的，他也永远无法看到自己所拥有的青春、能力、经验、激情、教养、信念……这时候，不满之心就像是一团熊熊烈火，柴放得越多，烧得越旺；火烧得越旺，人就越有添柴的冲动。于是，人奔来奔去，忙里忙外，既无暇休息，也体会不到忙碌的乐趣。

星云大师说，知足是天下第一富。人如果不知足，虽在天堂却犹处地狱；能够知足的人，虽卧荒地也如在天堂。

无法看到自己所拥有的，就无法珍惜，这是一种极其危险的情绪，它既能够摧毁有形的东西，也能搅乱我们的内心世界。擦亮眼睛，看看我们所拥有的财富：生命、时光、理想、热情、知识、亲情、友谊……你所拥有的才是你真正的财富。

身无分文，不碍富贵

星云禅话

穷人也可以成为富贵人。星云大师指出，财富不仅仅指金钱，我们既有心外的财富，也有心内的财富。

做一个自信、乐观、勤奋的人，财富就能积少成多，慢慢地汇聚到手中。所以，一个穷人也可以很富有。

禅林雅苑

有一位贫穷的哲学家，生活潦倒。当他是单身汉的时候，因为没有钱，只能和几个朋友一起住在一间小屋里。尽管生活非常不便，但是，他一天到晚总是乐呵呵的。

有人问他："那么多人挤在一起，连转个身都困难，有什么可高兴的?"

哲学家说："朋友们在一块儿，随时都可以交换思想、交流感情，这难道不值得高兴吗?"

过了一段时间，朋友们一个个相继成家了，先后搬了出去。屋子里只剩下了哲学家一个人，但是他每天仍然很快活。

那人又问："你一个人孤孤单单的，有什么好高兴的?"

“我有很多书啊！一本书就是一个老师。和这么多老师在一起，时时刻刻都可以向它们请教，这怎能不令人高兴呢？”

几年后，哲学家也成了家，搬进了一座大楼里。这座大楼有七层，他的家在最底层。底层在这座楼里环境是最差的。那人见他还是一副自得其乐的样子，好奇地问：“你住这样的房间，也感到高兴吗？”

“是呀！你不知道住一楼有多少妙处啊！比如，进门就是家，不用爬很高的楼梯；搬东西方便，不必费很大的劲儿；朋友来访容易，用不着一层楼一层楼地去叩门询问……特别让我满意的是，可以在空地上养些花，种些菜。这些乐趣呀，数之不尽啊！”

后来，那人遇到哲学家的学生，问道：“你的老师总是那么快快乐乐，可我却感到，他每次所处的环境并不那么好呀。”

学生笑着说：“决定一个人快乐与否，不在于环境，而在于心境。”

这位哲学家生活穷困，但是他所拥有的快乐心境有几个人能够拥有呢？华服美食、别墅豪车都不过是人生的装饰品而已，而一份快乐自在的心境，忧患时快乐，落魄时洒脱，难道不是一种令人羡慕的富有？

穷人可能没有很多钱，但拥有健康的体魄、聪慧的头脑以及明确的志向，这难道不比那些穷得只剩下钱的富人富有吗？

穷人可能没有漂亮的妻子，但拥有宁静的内心，并且执著地相信着美好单纯的爱情。

穷人可能没有足以炫耀的事业，但拥有不断攀登、永远向上的斗志，永远有一种自信乐观的心态，池中之物也可化作飞龙在天。

外财与内财兼俱，知识与信仰同重，接受与施舍并行，拥有与享有兼备，这才是星云大师眼中真正的富人，即使一个身无分文的穷人，也能在达观的心境中努力地修炼出以上的品德，成为一个真正的富人。

摊开手掌，才不致财富压身

星云禅话

正像穷人可以富贵，富人也可能困窘一样。在星云大师眼中，真正的富人并不一定是个有钱人，钱财并非万能，金钱与幸福并不成永恒的正比。

禅林雅苑

假期里，一位富爸爸带着儿子去农村体验生活，他想让从小锦衣玉食的儿子知道什么是穷人的生活。

他们在一家最穷的人家里待了两天。

回来后，父亲问儿子："旅行怎么样？"

"好极了！"

"这回你知道穷人是怎么过日子的了？"

"是的！"

"有何感想？"

儿子兴致勃勃地说："真是棒极了，他们一家人真富有啊！咱家只有一只猫，我发现他们家里有三只猫；咱家仅有一个小游泳池，可他们竟有一个大水库；我们的花园里只有几盏灯，可他们却有满天的星星；还有，我们的院子只有前院那么一点草地，可他们的院子周围全是大片大片的草地，还有好多好多的牛羊鸡鸭、瓜果蔬菜！”

儿子说完，父亲哑口无言。

接着儿子又说道：“感谢父亲让我明白了我们有多么贫穷！”

孩子眼中总有大人看不到的世界，当这位富爸爸陶醉于自己经营而来的富裕生活时，他可能从来没有想到过在儿子的眼里，自己是多么的贫穷！

一个有钱的人，可以用金钱买到胭脂，可是买不到气质；可以用金钱买到山珍海味，可是买不到食欲；可以用金钱买到华美服饰，可是买不到美丽；可以用钱买到舒适床铺，可是买不到睡眠；可以用钱买到书本，可是买不到智慧；可以用钱买到酒肉朋友，可是买不到患难之交；可以用钱买到别墅豪宅，但是买不到幸福家庭。

金钱能够带来物质上的享受，却也在无形中阻隔了个人心灵世界的丰富。

暴雨刚过，道路上一片泥泞。一个老太婆到寺庙进香，一不小心跌进了泥坑，浑身沾满了黄泥，香火钱也掉进了泥里。她不起身，只是在泥里捞个不停。一向慈悲的富人刚好坐轿从此经过，看见了这个情景，想去扶她，又怕弄脏了自己身上的衣服，于是便让下人去把老太太从泥潭里扶出来，还送了一些香火钱给她。老太太十分感激，连忙道谢。

一个僧人看到老太太满身污泥，连忙避开，说道：“佛门圣地，岂能玷污？还是把这一身污泥弄干净了再来吧！”

瑞新禅师看到了这一幕，径直走到老太太身边，扶她走进大殿，笑着对那个僧人说：“旷大劫来无处所，若论生灭尽成非。肉身本是无常的飞灰，从无始来，向无始去，生灭都是空幻一场。”

僧人听他这样说便问道：“周遍十方心，不在一切处。难道连成佛的心都不存在吗？”

瑞新禅师指指远处的富人，嘴角浮起一抹苦笑：“不能舍、不能破，还在泥里转！”

那个僧人听了禅师的话，顿时感到无比惭愧，垂下了目光。

瑞新禅师回去便训示弟子们："金钱珠宝是驴屎马粪，亲身躬行才是真佛法。身躬都不能舍弃，还谈什么出家？"

心存取舍，则有邪见与妄行；凡成就大事之人，无不是心中存善念，行善事者。像故事中的富人，舍不得一身皮囊，身价百万又如何？

富人的慈悲不应该仅仅是金钱上的施舍，还应该包括心灵的布施，这样才既是对他人的关爱，也是对自己的成全。当我们拥有财富时，与其握着拳头，只能抓住掌中的东西，不如摊开手掌，欣赏整个浩瀚的天空，才不至于财富压身，成为贫穷的富人。

贪心越大，失去越多

星云禅话

俗话说，人心不足蛇吞象。欲望，永不满足的欲望，一方面是人们不懈追求的原动力，成就了人往高处走，水往低处流的箴言；另一方面也诠释了“有了千田想万田，当了皇帝想成仙”的人性弱点。

在生活中，人们总喜欢抓点什么，房子、金钱、名利……抓得世界五彩缤纷，抓得自己精疲力竭。星云大师看得透彻，我们毕竟只是凡人，想抓住的太多，能抓住的实在太少。

禅林雅苑

唐代文学家柳宗元曾写过一篇名为《蝜蝂传》的散文，文中提到了一种善于背负东西的小虫蝜蝂，它行走时遇见东西就拾起来放在自己的背上，高昂着头往前走。由于它的背天生发涩，所以堆放到上面的东西掉不下来。背上的东西越来越多，越来越重，不肯停止的贪婪行为，终于使它累倒在地。

人心常常是不清净的，之所以混乱是因为物欲太盛。人生在世，很难做到一点欲望也没有；但如果物欲太盛，就容易沦为欲望的奴隶，一生负重前行。每个人都应学会减负，更应学会知足常乐，因为心灵之舟载不动太多负荷。

从前，一个想发财的人得到了一张藏宝图，上面标明在密林深处有一连串的宝藏。他立即准备好了一切旅行用具，特别是他还找出了四五个大袋子用来装宝物。一切就绪后，他进入了那片密林。他斩断了挡路的荆棘，蹚过了小溪，冒险冲过了沼泽地，终于找到了第一个宝藏，满屋的金币熠熠夺目。他急忙掏出袋子，把所有的金币装进了口袋。离开这一宝藏时，他看到了门上的一行字："知足常乐，适可而止。"

他笑了笑，心想：有谁会丢下这闪光的金币呢？于是，他没留下一枚金币，扛着大袋子来到了第二个宝藏，出现在眼前的是成堆的金条。他见状兴奋得不得了，依旧把所有的金条放进了袋子，当他拿起最后一条时，上面刻着："放弃了下一个屋子中的宝物，你会得到更宝贵的东西。"

他看了这一行字后，更迫不及待地走进了第三个宝藏，里面有一块磐石般大小的钻石。他发红的眼睛中泛着亮光，贪婪的双手抬起了这块钻石，放入了袋子中。他发现，这块钻石下面有一扇小门，心想，下面一定有更多的东西。于是，他毫不迟疑地打开门，跳了下去，谁知，等着他的不是金银财宝，而是一片流沙。他在流沙中不停地挣扎着，可是他却越挣扎陷得越深，最终与金币、金条和钻石一起长埋在流沙下了。

如果这个人能在看了警示后立刻离开，能在跳下去之前多想一想，那么他就会平安地返回，成为一个富翁。物质上永不知足是一种病态，其病因多是由权力、地位、金钱之类引发的。这种病态如果发展下去，就是贪得无厌，其结局是自我爆炸、自我毁灭。像星云大师所言，世间一切我们能抓住的只是很少的一部分，又何苦为了抓住更多而失去更多呢？

所以，生活中的我们应该明白：即使你拥有整个世界，你一天也只能吃三餐。这是人生思悟后的一种清醒，谁真正懂得了它的含义，谁就能活得轻松，过得自在，白天知足常乐，夜里睡得安宁，走路感觉踏实，蓦然回首时没有遗憾！

《伊索寓言》中有这样一句话："有些人因为贪婪，想得到更多的东西，却把现在所拥有的也失掉了。”人赤条条地来到这个世界上，不可能永久地拥有什么。现代西方经济学最有影响力的经济学家凯恩斯曾经说过，“从长期来看，我们都属于死亡，人生是这样短暂，即使身在陋巷，我们也应享受每一刻美好的时光”。

唯有“用有”，才是真正拥有

星云禅话

人人都想“拥有”，但问题在于人的欲望是无止境的，填饱了肚子，又求珍馐；娶了娇妻，又妄想求得美妾；有了房舍，又求华厦；谋得一职，又求升官；得到千钱，又求万金……宝贵的一生就在无止境的追求“拥有”中，苦恼地度过了。

所以，星云大师说：拥有财物而不用，和“没有”有什么差别呢？拥有财物而不会用，和“无用”有什么不同呢？

禅林雅苑

每个人都希望拥有自己的房子，但若不能和至爱家人住在一起，别墅是否会有家的感觉？每个人都希望有自己的田产，但若不在田里播撒种子，一块荒地存在的意义又是什么？每个人都希望能够拥有巨额财富，但如果只是紧紧握在手中而不使用，一张永远不能支取的存折的价值在哪里呢？

以前，有一对兄弟，他们自幼失去了父母，相依为命，家境十分贫寒。他们俩终日以打柴为生，生活十分艰苦。即便如此，兄弟俩也从来没有抱怨过，他们起早贪黑，一天到晚忙得不亦乐乎。而且，哥哥照顾弟弟，弟弟心疼哥哥，生活虽然艰苦，但过得还算舒心。

神仙得知了他们二人的情况，为他们的亲情所感动，决定下界去帮他们。清晨时分，神仙来到兄弟俩的梦中，对他们说："远方有一座太阳山，山上撒满了金光灿灿的金子，你们可以前去拾取。不过路途非常艰险，你们可要小心！并且，太阳山温度很高，你们一定要在太阳出来之前下山，否则，就会被烧死在上边。"说完，神仙就不见了。

兄弟俩从睡梦中醒来，非常兴奋。他们商量了一下，便起程去了太阳山。一路上，他们不但遇到了毒蛇猛兽、豺狼虎豹，而且天空中狂风大作、电闪雷鸣。兄弟俩咬紧牙关，团结一致，最终战胜了各种艰难险阻，来到了太阳山。

兄弟俩一看，太阳山上漫山遍野都是黄金，金灿灿的，照得人睁不开眼。弟弟一脸的兴奋，望着这些黄金不住地笑。

哥哥从山上捡了一块黄金，装在口袋里。哥哥对弟弟说："你也捡一块金子，咱们赶快下山回家吧！不然就来不及啦。"可是弟弟不听。无论哥哥怎么拉他，他还是不肯走，于是哥哥只好独自下山去了。弟弟捡了一块又一块，就是不肯罢手。不一会儿整个袋子都装满了，弟弟还是不肯住手。此时，太阳快出来了，可是弟弟仍在不住地捡。

一会儿，太阳真的出来了，山上的温度也在渐渐升高。这时，弟弟才慌了神，急忙背着黄金往回跑，无奈金子太重，压得他根本跑不快。太阳越升越高，弟弟终于倒了下去，被烧死在太阳山上。

哥哥回家后，用捡到的那块金子当本钱，做起了生意，后来成了远近闻名的大富翁。

弟弟一心"拥有"，而哥哥聪明"用有"。哥哥因为不贪而享受了富有的恩赐，弟弟因贪得无厌而命丧黄泉。

河水要流动，才能涓涓不绝；空气要流动，才能生意盎然。拥有，还需"用有"才有意义，星云大师曾说，要能以"用有"的胸怀，来应真理；以"用有"的财富，顺应人间；让因缘有、共同有，来取代私有的狭隘；让惜福有，感恩有，来消除占有的偏执，即所谓"拥有，是富者；用有，才是智者"。富而有智，岂不善哉！

多贪多欲的人，纵然富甲天下，仍不知足，等于是穷人，他们拥有的是痛苦的根源而非幸福的靠山；而少欲知足善用的人，才会真正享受到富裕的生活。

圣严说禅，佛在寻常人世间

下篇

语录　圣严禅话，妙谛莲花次第开

提升人品

需要的不多，想要的太多。

知恩报恩为先，利人便是利己。

尽心尽力第一，不争你我多少。

慈悲没有敌人，智慧不起烦恼。

忙人时间最多，勤劳健康最好。

布施的人有福，行善的人快乐。

心量要大，自我要小。

要能放下，才能提起。提放自如，是自在人。

识人识己识进退，时时身心平安；知福惜福多培福，处处广结善缘。

提得起放得下，年年吉祥如意；用智慧种福田，日日都是好日。

身心常放松，逢人面微笑；放松能使我们身心健康，带笑容易增进彼此友谊。

话到口边想一想，讲话之前慢半拍。不是不说，而是要惜言慎语。

在生活中，不妨养成“能有，很好；没有，也没关系”的想法，便能转苦为乐，比较自在了。

四安：安心、安身、安家、安业。

四要：需要、想要、能要、该要。

四感：感恩、感谢、感化、感动。

四它：面对它、接受它、处理它、放下它。

四福：知福、惜福、培福、种福。

能要、该要的才要；不能要、不该要的绝对不要。

感恩能使我们成长，报恩能助我们成就。

感谢给我们机会的人，顺境、逆境，皆是恩人。

遇到好事，要随喜、赞叹、鼓励，并且虚心学习。

少批评、多赞美，是避免造口业的好方法。

平常心就是最自在、最愉快的心。

踏实地走一步路，胜过说一百句空洞的漂亮语。

知道自己的缺点愈多，成长的速度愈快，对自己的信心也就愈坚定。

多听多看少说话，快手快脚慢用钱。

唯有体验了艰苦的境遇，才会有精进奋发的心。

踏踏实实做人，心胸要广大；稳稳当当做事，着眼宜深远。

享受工作

忙而不乱，累而不疲。

忙得快乐，累得欢喜。

“忙”没关系，不“烦”就好。

工作要赶不要急，身心要松不要紧。

应该忙中有序地赶工作，不要紧张兮兮地抢时间。

不要以富贵贫贱论成败得失，只要能尽心尽力来自利利人。

任劳者必堪任怨，任事者必遭批评。怨言之下有慈忍，批评之中藏金玉。

随遇而安，随缘奉献。

成功的三部曲是：随顺因缘、把握因缘、创造因缘。

见有机缘宜把握，没有机缘要营造，机缘未熟不强求。

人生的起起落落，都是成长的经验。

用智慧处理事，以慈悲关怀人。

以智慧时时修正偏差，以慈悲处处给人方便。

慈悲心愈重，智慧愈高，烦恼也就愈少。

面对许多情况，只管用智慧处理事，以慈悲对待人；而不担心自己的利害得失，就不会有麻烦了。

心随境转是凡夫，境随心转是圣贤。

大鸭游出大路，小鸭游出小路，不游就没有路。

“精进”不等于拼命，而是努力不懈。

船过水无痕，鸟飞不留影，成败得失都不会引起心情的波动，那就是自在解脱的大智慧。

给别人方便等于给自己方便。

压力通常来自对身外事务过于在意，同时也过于在意他人的评断。

用感恩的心、用报恩的心，来做服务的工作，便不会感到倦怠与疲累。

随时随地心存感激，以财力、体力、智慧、心力来做一切的奉献。

幸福心灵

人生的目标，是来受报、还愿、发愿的。

不用牵挂过去，不必担心未来，踏实于现在，就与过去和未来同在。

智慧，不是知识，不是经验，不是思辨，而是超越自我中心的态度。

积极人生，谦虚满分；自我愈大，不安愈多。

在安定和谐中把握精彩的今天，走出新鲜的明天。

担心，是多余的折磨；用心，是安全的动力。

面对生活，要有“最好的准备，最坏的打算”。

只要还有一口呼吸在，就有无限的希望，就是最大的财富。

救苦救难的是菩萨，受苦受难的是大菩萨。

超越生老病苦三原则：活得快乐、病得健康、老得有希望。

超越死亡三原则：不要寻死、不要怕死、不要等死。

死亡不是喜事，也不是丧事，而是一件庄严的佛事。

眼光，是你的智慧；运气，是你的福德。

喜爱的就想占有，讨厌的就会排斥，患得患失，烦恼就来了。

经常少欲知足的人，才是无虞匮乏的富人。

心不平安是真正的苦，身体的病痛不一定是苦。

明知心不平安是苦事，就赶快以持念“南无观世音菩萨”来安心吧！

现在拥有的，就是最好的。拥有再多也无法满足，就等于是穷人。

不要用压抑来控制情绪，最好用观想、用佛号、用祈祷来化解情绪，幸福人间。

拥有的多，不一定让人满足；拥有的少，不一定让人贫乏。

现在所得的，是过去所造的；未来所得的，是现在所做的。

好人不寂寞，善人最快乐，时时处处助人助己，时时处处你最幸福。

烦恼消归自心就有智慧，利益分享他人便是慈悲。

用惭愧心看自己，用感恩心看世界。

和谐人生

生命的意义是为了服务，生活的价值是为了奉献。

人的价值，不在寿命的长短，而在贡献的大小。

过去已成虚幻，未来尚是梦想，把握现在最重要。

财富如流水，布施如挖井。井愈深，水愈多；布施愈多，财富愈大。

每一个小孩，都是帮助父母成长的小菩萨。

对青少年，要关心不要担心，要诱导不要控制，用商量不用权威。

爱你的孩子，与其担心，不如祝福。

夫妻是伦理的关系，不是“论理”的关系。

能不乱丢垃圾，随时清捡垃圾，都是做的功德。

好话大家说，好事大家做，好运大家转。

大家说好话，大家做好事，大家转好运。

每人每天多说一句好语，多做一件好事，所有小小的好，会成为一个大大的好。

急需要做，正要人做的事，我来吧！

我和人和，心和口和，欢欢喜喜有幸福。

内和外和，因和缘和，平平安安真自在。

自求心安就有平安，关怀他人就有幸福。

人品等于财富，奉献等于积蓄。

奉献即是修行，安心即是成就。

若希望人际关系相处得好，就要把心量放大，多接纳人，多包容人。

只要自己的心态改变，环境也会跟着改变，世界上没有绝对的好与坏。

人与人之间的相处之道，需要沟通，沟通不成则妥协，妥协不成时，你就原谅和容忍他吧。

大的要包容小的，小的要谅解大的。

以全心全力关怀家庭，用整体生命投入事业。

戒贪最好的方法，就是多布施、多奉献、多与人分享。

包容别人时，双方的问题就解决了。

学佛的人，有两大任务：庄严国土，成熟众生。

净化人心，少欲知足，净化社会，关怀他人。

序章　暮鼓晨钟，看白莲初绽

风雪中的行脚僧

圣严法师俗名张志德，1930年冬，出生在江苏南通县的一个贫穷家庭，家中兄弟姐妹六人，他最小。他从小身体孱弱，6岁才能出门走动，7岁才会说话，9岁开始读书识字，11岁才入小学，他总是安安静静，在被人忽略的角落里默默地打量着这个忙碌的世界。

法师幼时家贫，家中兄弟姐妹又多，饱尝生活的苦难。14岁时，迫于生计，他出家为僧，不久又遭逢乱世，19岁的少年投身从戎，随军队离开大陆远赴台湾。时光飞逝，转眼之间他在军中度过了十年光景。宝贵的青春易逝，而求佛的决心依然坚定。

从军中退伍后，他二度出家，并在山林中进行了六年的闭关修行，修行结束后，他没有丝毫的休息懈怠，而是只身前往日本，踏上了求学之路。又是六年，圣严法师在日本立正大学获得硕士、博士学位，成为佛学界第一位拥有博士学历的禅师。

他是禅宗曹洞宗的第五十代传人，也是临济宗的第五十七代传人，并一手创办了法鼓山道场，提出“心灵环保”这一法鼓山核心理念。

他广收弟子，到世界各地宣扬佛法，主张以佛法营造“人间净土”。

他以中、日、英三种文字在亚、美、欧各洲出版著作近百种。

他所推动的理念是：提升人的品质，建设人间净土，以教育完成关怀任务，以关怀达到教育目的。

他涉足教育、公益等诸多领域，以一颗慈悲心感动世人。

他长期患肾病，却拒绝换肾，他说："我老了，浪费一个肾是不慈悲的。"

他留下遗言："在我身后，不发讣闻、不传供、不筑墓、不建塔、不立碑、不竖像、勿捡坚固子。"

他圆寂之后，弟子林青霞以文寄哀思——《好美好美，那袈裟飞起像浪花》，李连杰也以弟子身份参加了入殓仪式。

他被台湾人奉为"稳定人心的力量"，也被称为"乱世里的暮鼓晨钟"，还是"400年来对台湾最具影响力的人士"之一，但他称自己不过是"风雪中的行脚僧"。

少年时期经历的坎坷，戎马生涯的艰辛与危险，闭关修行的清苦与寂寞，求学时的迷惑与孤独，得道之后的盛赞与美誉，在圣严法师眼中，都不过是人生行走路上的必然，痛苦如尘埃，落定即消失，名利似浮云，飘过即消散，而自己只不过是一名云游山水的行脚僧，在滚滚红尘之中寻找着自己的精神归宿，并为他人信仰的皈依指明方向。

他从做小沙弥时便定下了自己的志向，即以弘扬佛法为终生任务，为此，他行走途中的每一个脚印都变得更加沉重，也更加辉煌：他在闭关的身心磨砺中完成了《正信的佛教》以及《戒律学纲要》等九本佛学著作；他一生广收弟子，著书宣讲，弘扬佛法；他创立法鼓山道场，以"心灵环保"为法鼓山核心理念；他投身公益，以佛法教化世人；他反对自杀，积极展开心灵援助……

他时时自我勉励，自我省思，拖着孱弱的身子，奔波于繁忙世间，弘扬佛法，化育众生，留下了上千万字佛法著述以及"建设人间净土"的遗愿，为万千信徒留下了一座值得仰视的精神丰碑。

这位风雪中的行脚僧，每一步行走都留下了深深的印痕，即使风过雪融，智慧的光芒依旧闪烁，指引着行走在禅修路上的朝圣者。

二十字遗偈

无事忙中老，空里有哭笑，本来没有我，生死皆可抛。

——圣严法师遗偈

2009年2月3日下午四点零四分，圣严法师在中国台北台大医院圆寂，享年80岁。一代高僧就此寂灭，而他所推崇的“人间佛教”的理想却像是凡尘闹市中一朵圣洁的莲花，自在绽放，自在芬芳，芸芸众生每每过路，总会忍不住驻足观赏。

临终前，圣严法师留下九条遗言：

一、出生于1930年的中国大陆江苏省，俗家姓张。在我身后，不发讣闻、不传供、不筑墓、不建塔、不立碑、不竖像、勿捡坚固子。礼请一至三位长老大德法师，分别主持封棺、告别、荼毗、植葬等仪式。务必以简约为庄严，切勿浪费铺张，灵堂只挂一幅书家写的挽额“寂灭为乐”以作鼓励；恳辞花及挽联，唯念“南无阿弥陀佛”，同结莲邦净缘。

二、身后若有信施供养现金及在国内外的版税收入，赠予财团法人法鼓山佛教基金会及财团法人法鼓山文教基金会。我生前无任何私产，一切财物、涓滴来自十方布施，故悉归属道场，依佛制及本人经法院公证之遗嘱。

三、凡由我创立及负责之道场，均隶属法鼓山的法脉，除了经济独立运作，举凡道风的确保、人才的教育、互动的关怀及人事的安排，宜纳入统一的机制。唯在国外的分支道场，当以禅风一致化、人事本土化为原则，以利纯粹禅法之不堕，并期禅修在异文化社会的生根推广。

四、法鼓山总本山方丈一职，不论是由内部推举，或从体系外敦聘大德比丘、比丘尼担任，接位之时亦接法统，承继并延续法鼓山的禅宗法脉，亦不得废止法鼓山的理念及方向，是为永式。佛说："我不领众，我在僧中。"方丈是僧团精神中心，督策僧团寺务法务僧断僧行，依法、依律、依规制，和乐、精进、清净。

五、我的著作，除了已经出版刊行发表者，可收入全集之外，凡未经我覆阅的文稿，为免芜滥，不再借手后人整理成书。

六、在我身后，请林其贤教授夫妇，将我的"年谱"，补至我舍寿为止，用供作为史料，并助后贤进德参考。故请勿再编印纪念集之类的出版物了。

七、我的遗言嘱托，请由僧团执行。我的身后事，不可办成丧事，乃是一场庄严的佛事。

八、僧俗四众弟子之间，没有产业、财务及权力、名位之意见可争，但有悲智、和敬及四种环保的教育功能可期。诸贤各自珍惜，我们有这番同学菩萨道的善根福德因缘，我们曾在无量诸佛座下同结善缘，并将仍在无量诸佛会中同修无上菩提，同在正法门中互为眷属。

九、在这之前本人所立遗言，可作参考，但以此份为准。

观遗言全文，圣严法师的智慧心与精神力量的感召令人动容，而遗言末后的二十字遗偈更是发人深省。

"无事忙中老，空里有哭笑，本来没有我，生死皆可抛。"世人一晌贪欢，而他以寂灭为乐。天下熙熙，皆为利来；天下攘攘，皆为利往；可惜虚名浮利，生不带来死不带去，一生本无事，忙忙碌碌又为何？浮生若梦，万事皆空，哭过笑过，人生不过是蹉跎瞬间的百转千回，随缘来随缘去，又有什么悲欢？自性不生不死不来不去，我本不在，何惧生死？

众生大多贪生怕死，而圣严法师的二十字遗偈则令我们反观自照，见微知著，亦可作为一种精神力量稳定人心。

圣严法师曾被誉为“稳定台湾人心的力量”，又以学问僧的形象深入人心，他积极提倡和践行人间佛教的理想，一生忙碌，却忙得快活。从法师的智慧语言中，我们便能洞悉佛法的深奥，领悟到为人处世、说话办事之理，提升自己的觉悟，涵养个人的气质。

第十一章 侧耳听禅，生活即道场

“佛就像那庭前柏树一样熟悉，我们每天晚上抱佛入睡，早上又跟佛起床，只是自己不知道罢了。”在圣严法师眼中，禅无处不在：在父母温暖的怀抱中，在亲人深情的对视里，在苦难者虔诚的仰望中，甚至在一朵花的温柔开放、凄凉凋零中……

翠竹黄花皆妙谛

圣严法语

有人问赵州禅师："什么是佛祖西来意?"

赵州禅师回答："庭前柏树子。"

当我们误认为赵州禅师将佛比做身外的"柏树子"时，圣严法师却教诲道："佛就像那庭前柏树一样熟悉，我们每天晚上抱佛入睡，早上又跟佛起床，只是自己不知道罢了。"

所以，处处踏实处处是，处处自在处处活泼。

禅林雅苑

禅宗禅师有句名言："青青翠竹，悉是法身。郁郁黄花，无非般若。"

在天地自然之间，处处都有禅机。成佛的智慧，不离世间一切。世间法就是佛法，任何学问，任何事情，都是佛法。

有一则禅宗公案这样说：

宋朝与苏东坡齐名的一位诗人，名叫黄山谷。黄山谷跟晦堂禅师学禅。他的学问好，但是跟着师父学了三年还没有悟道。有一天，他问晦堂禅师："有什么方便法门告诉我一点好不好?"

晦堂禅师说："你读过《论语》没有?"

黄山谷说："当然读过啦!"

师父说："《论语》上有两句话：'二三子，我无隐乎尔?'意思是说：'你们这几个学生！不要以为我隐瞒你们，我没有保留什么秘密啊！早就传给你们了。'"

黄山谷一下子脸红了，又变绿了，告诉师父实在不懂。

老和尚一拂袖就出去了。黄山谷哑口无言，心中闷得很苦，只好跟在师父后面走。这个晦堂禅师一直走，没有回头看他，但晓得他会跟来的。走到山上，秋天桂花开，香得很，到了这个环境，师父就回头问黄山谷："你闻到桂花香了吗?"

黄山谷先被师父一棍子打蒙了，师父在前面大模大样地走，不理他，他跟在后面，就像小学生挨了老师处罚一样，心里又发闷，这一下，老师又问他闻没闻到桂花香味。

他当然把鼻子翘起，闻啊闻啊，然后说："我闻到了。"

师父接着讲："二三子，我无隐乎尔！"

这一下，他悟道了。

黄山谷为什么悟道了呢？是因为大千世界处处有佛，处处都显示佛的境界，一个人只有用自己的心去感悟，才能真正体悟到佛的境界。

黄山谷是幸运的，因为他有一颗心和一双慧眼。真理往往为开放的心灵打开，大千世界，佛法充盈其间，禅意无处不在。翠竹黄花皆般若，世间法皆是佛法，一个无心的人只能看到平淡无奇的一切，而一个有心人却能够从中汲取智慧。因此，多观察世间万物，多留意身边的一切，多体悟一切，只要你有心，就有可能从中体悟到佛法。

国学大师南怀瑾有一首禅诗："世界微尘沤沫身，悬崖撒手漫传薪。黄花翠竹寻常事，般若由来触处津。"禅机禅韵就在生活中的每一个角落，当我们用心去感悟的时候，佛祖就在身边，这时候，我们所做的每一件事情，都是修行。

就像圣严法师所言："我们做任何事情，都可以是禅修，也就是说，我们做的一切事情，没有一件不是修行。"既然生活中每一件事都是修行，那么保持一颗平常心是非常重要的。保持一颗平常心，不执著于偶像，平常看待世间事却不乏虔诚。心无杂念，将功名利禄看穿，将胜负成败看透，将毁誉得失看破，就离佛更近了一步。

携自家宝藏，行万里禅游

圣严法语

每个人的心中都有一座花园，勤恳经营，多彩的花朵、美丽的蝴蝶都会成为园中动人的风景。

在圣严法师眼中，这座花园中的异彩就是“明心见性”，由烦恼的心变成智慧的心，也见到了不动的、不变的佛性。所谓“自助而人助，人助而天助”，发现自己内心的宝藏，肯定自己，别人才能肯定你，信任你。

禅林雅苑

大珠慧海第一次来拜见马祖道一禅师时，虔诚礼拜。

马祖禅师问他：“你来此所为何事?”

大珠慧海说：“我来这里向您求佛法。”

马祖禅师说：“我这里什么也没有，哪里有你要求的佛法呢? 你都没有顾好自己家里的宝藏，甚至没有发现自己的宝藏，反而东奔西跑向外寻找。”

“什么是我自家的宝藏呢?”大珠慧海困惑不解。

“现在正在询问我的就是你自家的宝藏，你所需要的一切就在你的心里，一样都不欠缺，你又为何要向外寻找呢?”

大珠慧海顿悟，叩首离去。

每个人的内心都有一座宝藏，又何苦向外寻找？马祖禅师其实也正是在用这种方式告诉大珠慧海，一个人只有自己来承当自己，才能真正走上解脱之路。向外寻找也不能带给你真正的归宿，只有求助于自己，打开自己的心门，点燃一盏心灯。

云岩禅师正在编织草鞋，洞山禅师从他身边经过，一见面就说道："老师，我可以跟您要一件东西吗？"

云岩禅师回答道："你说说看！"

洞山不客气地说："我想要你的眼珠。"

云岩禅师平静地说："要我的眼珠？那你自己的眼珠呢？"

洞山道："我没有眼珠。"

云岩禅师淡淡一笑，说："要是你有眼珠，如何处置？"

洞山无言以对。

云岩禅师此时才非常严肃地说："我想你要的眼珠，应该不是我的眼珠，而是你自己的眼珠吧？"

洞山禅师又改变口气说："事实上，我要的不是眼珠。"

云岩禅师终于忍不住这种前后矛盾的说法，对洞山禅师大喝一声道："你给我出去！"

洞山禅师并不惊讶，仍然非常诚恳地说："出去可以，只是我没有眼珠，看不到出去的路。"

云岩禅师用手摸一摸自己的心，说道："这不早就给你了吗？还说什么看不到。"

洞山禅师当下醒悟。

洞山禅师向别人要眼珠，这是件很怪异的事情，所以云岩禅师起初只是告诉他眼睛长在自己额头上，不必向别人索要。然而云岩禅师也知道，洞山要的是"心眼"，而非"肉眼"，所以便在他一味执迷时，告诉他即便是"心眼"，也需要自己去发现。

禅宗丛林中，虽然弟子的开悟往往离不开老师的指导和牵引，但是正如圣严法师所言，老师往往只是那一根指向月亮的手指，并不都能点金。

他将方向指引给你，剩下的事情，就看你自己了。人生若是，当八月来临，全世界都沉浸在桂花的芳香中时，如果你只是一味地询问别人桂花是什么味道，而不肯自己张开鼻翼去嗅一下，实在是有些愚蠢。

佛法的宝藏，本来就在人的自性之中，取之不尽，用之不竭，只有我们发现了自己的富有，凡事求诸己身，才不会沦为只向他人求助的乞丐。

千年暗室，一灯能破

圣严法语

《华严经》中有四句偈语：“如来智如是，众生悉具有；颠倒妄想覆，众生不知见。”

圣严法师在解释此偈时说，人人都具有跟佛同样的智慧，可惜一般人的心智被痴迷的颠倒妄想所蒙蔽，所以不知道自己有这样的能力。

因此不要指望等自己成佛以后，才有佛的智慧。智慧之光就在自己身边，亲身体验，才能立地成佛。

禅林雅苑

历史长河的流淌并非始终平静如一。忽然间，平静的水流会遭遇陡急的转弯、高耸的峡谷、狂暴的湍流，当气势澎湃的瀑布扑面而来时，雷霆轰鸣，恰如千军万马，这是生命的壮丽姿态。

然而大千世界中，既然有壮丽，也必然有婉约。瀑布有瀑布的震撼之美，小溪有小溪的清澈迷人。

释迦牟尼说这个虚空中，有三千大千世界。

三千大千世界，无穷无尽，不可想象，有无数奥妙神奇的事物，就像是我们心灵的空间一样深不可测。人们穷尽一生之力，也很难探出究竟。但恰恰是这个浩瀚的世界，有时候，只需要一盏灯的光亮，便可以填满。

有位禅师为了测试他的三个弟子哪一个最聪明，就给了他们三人每人十文银子，让他们想办法用十文银子买来能装满一个巨大房间的东西。

第一个弟子反复思考了很久之后，心想："什么才是市场上体积最大、价格最低的东西呢?"最后他跑到市场上，买了很多棉花。但棉花买回来以后，只将这间房间装了一半多一点。

第二个弟子与第一位弟子的思路非常相近，他也在反复寻找市面上体积最大、价钱最便宜的货物。最终他挑选了最便宜的稻草，但十文银子的稻草也只能将房间填满三分之二。

轮到最后一个弟子了，前两个弟子和禅师都等着看他的答案。只见他手上什么东西也没有拿就回来了。前两位师兄弟感到非常奇怪，禅师却在暗暗点头。这个弟子请禅师和两个师兄弟走进房间，然后将窗户和房门紧紧地关上。整个房间顿时伸手不见五指，漆黑一片了。

这个时候，这个弟子从怀里取出他花一文钱买来的一支蜡烛。他用火柴点燃了蜡烛，顿时，漆黑的房间里亮起昏黄的烛光。这片烛光虽然微弱，但是却将房间的每一个角落都照到了。第三个弟子仅用一文钱便装满了整个房间。

虽然我们心灵的空间无限浩大，但是对于智者而言，它仅仅像一间小小的心房，一根火柴，一支蜡烛，足以让亮光充满心空。

禅就是我们内心的火柴和蜡烛，当我们用智慧点燃这盏禅灯的时候，我们的内心也会被光明和温暖充满。心灯是无形的智慧，是活泼的响应能力，是能克服烦恼、使人自在的积极心志，我们需要这样的温暖和光明。

人最忌讳的就是失去光明的心智，渐渐被黑暗的罪恶所包围；最可怕的是步上贪婪、暴力和痴迷之路。这会使人失去理性和情性，最后心灵完全黑暗，欲壑难填。保持一颗清净的心，知足常乐，才是获得平安、收获幸福果实的道路。

不要被佛的精深博大所吓倒，你所拥有的禅意禅感，足够你欢喜快乐。点亮心灯，让自己发光，胜过埋怨一切黑暗。

缠绕心灵的生死线

圣严法语

生死相对，同时相成，所以庄子说："方生方死，方死方生。"生命中不能缺少死亡这一环，虽然死亡是人生必然经历的过程，但人人都怕死。

圣严法师说，平常人惧怕死亡，是因为不知道人死之后要去向何处。然而，死也是我们要承担的人生义务之一，在因果循环中，生命过程中的苦与乐、逆与顺、成与败、得与失、寿与夭、健康平安与多灾多难，都应该面对并接受。

禅林雅苑

寂寥秋日的黄昏时分，若独自行走在一条铺满梧桐叶的路上，必然心生感慨。当一片片枯黄的叶子从枝头静静地飘落时，地面似乎就是深秋赋予它的归宿。

不知何处吹来的风，如同兰花手，悠然自适间，生命便已陨落。风与树叶之间，总有细数不尽的故事：春风吹绿了叶，夏风吹肥了叶，秋风把叶儿染黄，冬天的风把叶儿吹进尘埃。树叶的轮回，就像是人生的兜兜转转，循环往复间，没有永生，也没有消亡。每段生命的开始意味着过去的陨落，每段生命的结束又昭示着下一个未来。

生死从来不由人，甚至连佛祖也无法改变。

人们总是问佛陀："佛死了到什么地方去呢?"

佛陀总是微笑着，保持沉默，什么话也不说。

但是，这个问题一次又一次地被提出来，看来人们对这个问题还是比较关心的。为了满足人们的好奇心，佛陀对他的弟子说："拿一支小蜡烛来，我会让你们知道佛死了到什么地方去。"

弟子急忙拿来了蜡烛，佛陀说："把蜡烛点亮，然后拿过来靠近我，让我看看蜡烛的光。"

弟子把蜡烛拿到佛陀面前，用手遮掩着，生怕风把蜡烛吹灭了。

但是，佛陀训斥他的弟子说："为什么要遮掩呢？该灭的自然会灭，遮掩是没有用的。就像死，同样也是不可避免的。"

于是，佛陀吹灭了蜡烛，说："有谁知道蜡烛的光到什么地方去了？它的火焰到什么地方去了?"

弟子们你看我，我看你，谁也说不上来。

佛陀接着说："佛死就如蜡烛熄灭，蜡烛的光到什么地方去了，佛死了就到什么地方去了。和火焰熄灭是一样的道理，佛陀死了，他就消失了。他是整体的一部分，他和整体共存亡。火焰是个性，个性存在于整体之中，火焰熄灭了，个性就消失了，但是整体依然存在。不要关心佛死后去了哪里，他去了哪里不重要，重要的是如何成佛。等到你们顿悟的时候，你们就不会再问这样的问题了。"

不论是人的死亡，还是佛的死亡，都是人死如灯灭。但即使灯灭了，也并非什么都没有了。曾经的光依然在闪烁，蜡烛的意义在于其燃烧的过程。生生死死，且由他去，不要执著于如何永生，也不要总惦记着人究竟如何做才能在死后上达四方乐土，这都是虚无缥缈、无踪可觅的乌有，最好趁生命还在时，多做善事，认真修行。

面对死亡，要有如落叶归根的自然；面对死亡，要有如空山圆月的明净。缠绕心灵的那条生死线，只有自己才解得开。

人的一生很短暂，百年也只是一瞬，在茫茫历史长河中不过是沧海一粟。当人的生命消逝时，我们常常觉得它比叶子的凋零更加悲凉，花谢了会再开，潮退了会再来，可是人的生命逝去之后，将以怎样的方式重新回归呢？

在圣严法师眼中，生命的逝去不需要回归。因为真正怀有一颗佛心的人能够明白人的一生不仅仅是为了自己，更是为了别人。“落红不是无情物，化作春泥更护花。”人也该如此，在自己有限的生命中，将生命的光与热发挥到极致，为更多的人带来幸福，也给自己的人生，创造出更大的意义。

深秋时分的风，吹在身上总是有些凉。但若慢慢地张开十指，任风从指间穿行，那一刻，你手中可以握住的，或者是一片落叶，或者是一粒尘埃，或者是一束阳光，不管是什么，你都曾经把握住了那一瞬间。

第十二章 面朝苦海，也有春暖花开

一个人如果有禅心，就可以活得自在一些，自由一些，快活一些，幸福一些。拥有春暖花开般的心情，便能从容自若地面对苦海，就像一株草，每天只要有三五滴露水的滋润，就可以开出青翠的颜色，挺立在风雨中。

人生失意无南北

圣严法语

“譬如空中飞鸟，不知空是家乡；水中游鱼，忘却水是生命。”在禅宗《五灯会元》中，白兆圭禅师曾经这样说过。圣严法师则从中参悟到了人所应该拥有的生活态度。

空中飞鸟翱翔天际，本身即在天空中，它并未想过向生活索取更大的空间，因为天空够宽了；水中游鱼，水对它是非常重要的东西，而它并未一味因其重要而操心忧虑。若能以这种积极的态度努力生活，而非处处生烦恼，生活必然愉快。

禅林雅苑

俗话说，人生失意无南北，宫殿里也会有悲恸，茅屋里同样会有笑声。只是，平时生活中无论是别人展示的，还是我们关注的，总是风光的一面，得意的一面，这就像女人的脸，出门的时候个个都描眉画眼，涂脂抹粉，光艳亮丽，这全是给别人看的。回家以后，一个个都素面朝天。

于是，站在城里，向往城外，而一旦走出了围城，就会发现生活其实都是一样的，有许多我们一直在意的东西，在别人看来也许根本就不算什么。所以，与其不停地长吁短叹，不如欣赏一下自己的人生，静心体会生活的快意。

在一条河的一边住着凡夫俗子，另一边住着僧人。凡夫俗子看到僧人每天无忧无虑，只是诵经撞钟，十分羡慕他们；僧人看到凡夫俗子每天日出而作，日落而息，也十分向往那样的生活。日子久了，他们都各自在心中渴望着：到对岸去。

一天，凡夫俗子和僧人达成了协议。于是，凡夫俗子过起了僧人的生活，僧人过上了凡夫俗子的日子。

几个月过去了，成了僧人的凡夫俗子发现，原来僧人的日子并不好过，悠闲自在的日子只会让他们感到无所适从，便又怀念起以前当凡夫俗子时的生活来。

成了凡夫俗子的僧人也体会到，他们根本无法忍受世间的种种烦恼、辛劳、困惑，于是也想起做和尚的种种好处。

又过了一段日子，他们各自心中又开始渴望：到对岸去。

可见，你眼中的他人的快乐，并非真实生活的全部。每个生命都有欠缺，不必与人作无谓的比较，珍惜自己所拥有的一切就好。

人生如海，潮起潮落，既有春风得意、高潮迭起的快乐，也有万念俱灰、惆怅落寞的凄苦。如果把人生的旅途描绘成图，那一定是高低起伏的曲线。“人生得意须尽欢，莫使金樽空对月。”当你快乐时，不妨尽情享受快乐，珍惜你所拥有的一切。而当生活的痛苦和不幸降临到你身上时，你也不要怨叹、悲泣，哪怕只剩下一个柠檬，也可以做一杯柠檬汁。

生于尘世，每个人都不可避免要经历苦雨凄风，面对艰难困苦，想开了就是天堂，想不开就是地狱。而积极乐观的心态就是一副良药，能愈合你的伤口。怀着新的希望上路，就像一趟旅行，沿途中有数不尽的坎坷泥泞，但也有看不完的春花秋月。如果我们的一颗心总是被灰暗的风尘所覆盖，干涸了心泉、暗淡了目光、失去了生机、丧失了斗志，我们的人生轨迹岂能美好？若我们能保持一种健康向上的心态，那么，即使我们身处逆境、四面楚歌，也一定会有“山重水复疑无路，柳暗花明又一村”的一天。

把绊脚石当做垫脚石

圣严法语

人生之路，一帆风顺者少，曲折坎坷者多，成功是由无数次的挫折堆积而成的。但挫折和失败对人毕竟是一种“负性刺激”，总会使人不愉快、沮丧、自卑。因此，如何面对挫折、如何自我解脱就成了战胜脆弱、走向成功的关键。

面对人生的逆境，要时刻牢记圣严法师的鼓励：“逆境时还要往上爬，要把绊脚石当做垫脚石！”

禅林雅苑

“痛苦是一把犁，它一面犁破了你的心，一面掘开了生命的新起源。”罗曼·罗兰这样说道。不知苦痛，怎能体会到快乐？痛苦就像一枚青青的橄榄，品尝后才知其甘甜，但这品尝需要勇气。

一个屡屡失意的年轻人千里迢迢来到普济寺，慕名寻到老僧释圆，沮丧地说：“像我这样屡屡失意的人，活着也是苟且，有什么意义呢？”

老僧释圆静静地听这位年轻人叹息和絮叨，什么也不说，只是吩咐小和尚：“施主远道而来，烧一壶温水送过来。”

少顷，小和尚送来一壶温水，释圆老僧抓了一把茶叶放进杯子里，然后用温水沏了，放在年轻人面前的茶几上，微微一笑说："施主，请用茶!"年轻人俯身看看杯子，只见杯子里微微地升腾起几缕水汽，那些茶叶静静地浮着。年轻人不解地询问释圆："贵寺怎么用温水冲茶?"释圆微笑不语，只是示意年轻人说："施主，请用茶吧。"年轻人只好端着杯子，轻轻呷了两口。释圆说："请问施主，这茶可香?"年轻人摇摇头说："这是什么茶？一点茶香也没有呀。"释圆笑笑说："这是福建的名茶铁观音啊，怎么会没有茶香?"年轻人听说是上乘的铁观音，又忙端起杯子呷两口，再细细品味，还是放下杯子说："真的没有一丝茶香。"老僧释圆微微一笑，吩咐门外的小和尚："再烧一壶沸水送过来。"

少顷，小和尚便提来一壶吐着浓浓白汽的沸水，释圆起身，又沏了一杯茶，年轻人俯身去看杯子里的茶，只见那些茶叶在杯子里上上下下地沉浮，随着茶叶的沉浮，一丝清香便从杯里袅袅地逸出来。嗅着那清清的茶香，年轻人不禁去端那杯子，释圆忙微微一笑说："施主稍候。"说着便提起水壶朝杯子里又注了一缕沸水。年轻人见那些茶叶上上下下，沉沉浮浮得更厉害了，同时，一缕更醇更醉人的茶香袅袅地升腾出杯子，在禅房里弥漫。释圆如是注了五次水，杯子终于满了，那绿绿的一杯茶水，沁得满屋津津生香。释圆笑着问道："施主可知道同是铁观音，为什么茶味迥异吗?"年轻人思忖说："一杯用温水冲沏，一杯用沸水冲沏，用水不同吧。"

释圆笑笑说："用水不同，则茶叶的沉浮就不同。茶叶的沉浮不同，所经受的历练也就不同，自然也就冲沏出了不同的味道。"

用温水沏的茶，茶叶就轻轻地浮在水之上，没有沉浮，茶叶怎么会散逸它的清香呢？而用沸水冲沏的茶，冲沏了一次又一次，浮了又沉，沉了又浮，沉沉浮浮，茶叶就释出了它春雨般的清幽，夏阳似的炽烈，秋风似的醇厚，冬霜似的清冽。

世间芸芸众生，又何尝不是茶呢？那些不经风雨的人，平平静静地生活，就像温水沏的淡茶平静地悬浮着，弥漫不出他们生命和智慧的清香。而那些栉风沐雨、饱经沧桑的人，坎坷和不幸一次又一次袭击他们，他们就像被沸水沏了一次又一次的茶，在风风雨雨的岁月中沉沉浮浮，从而溢出了他们生命的一缕缕清香。

所以，面对从我们出生相伴至死的苦，圣严法师主张要把其当做生命的赠礼，打开礼盒，既可能会看到天堂，也可能会看到地狱，这一切，都取决于我们自己的观念。

苦海中轮回颠倒的众生，你们是愿意在逆境中绽放出动人的笑容，还是愿意愁眉苦脸地迎接岁月的洗礼呢？

自伞自度，赏万里晴空

圣严法语

什么是真正的人生？

圣严法师说，人生是苦乐忧喜，人生是悲欢离合，人生是成败得失，人生是生老病死，人生是富贵贫贱，人生是善恶是非。在这样纷繁复杂的人生中，若想保持一颗清净的心，则需要一颗佛心。虽然我们并未成佛，但是我们可学习其精神，从而将自己从人生的种种困境中解脱出来。

自我求得解脱的人，一念存好心，一念生净土；一念离烦恼，一念见净土。

禅林雅苑

有个僧人要求下山云游，元安禅师考问他："四面都是山，你要往何处去？"

他参悟不出其中禅机，便愁眉苦脸地转身而去。路过菜园时，恰巧遇到善静和尚正在园中劳作。

善静和尚问他："师兄，你为何闷闷不乐？"

僧人便将发生的事情一五一十地告诉了他。

善静和尚微笑着说："竹密不妨流水过，山高岂碍野云飞。"

是啊，不管人生遭遇了怎样的困境，即使群山环绕，只要有决心，依然能够将座座高山踏在脚下。

圣严法师说，人生本是苦海。若烦恼缠身太久，又不曾尝试着用自己的力量去解决，那么总有一天，我们心中会生起一股浓得化不开的厌倦：难道生命就是这样日复一日、年复一年，像机械一般运转？被苦恼和病痛、死亡所全面控制和摆布？

心中竖起的一座又一座高山，压得我们喘不过气来，也挡住了我们本来清明的视野。怎样才能飞越这叠嶂层峦呢？唯有自己拄杖上路，翻越所有阻挡去路的山峰，才能够获得最开阔的视野，就像是在雨中，唯有自己撑开一把伞，才能有一片属于自己的晴空。

一个佛教信徒去寺庙中拜佛求愿，走到半路上突遇下雨。他没有带伞，只能在一个屋檐下等待天晴，这时，他远远地看到一位禅师正撑伞走过，于是喊道："禅师，普度一下众生，把我送回家吧！"

禅师也远远地回答："我在雨里，你在檐下；檐下无雨，你不用我度。"

这人立刻走出屋檐，站在雨中，说道："我也在雨中，该度我了吧？"

禅师走到他面前，说道："我们都在雨中，我不被淋湿，因为有伞；你被淋湿，因为无伞。所以不是我度你，而是伞度我，对吧？"

这人觉得很有道理，点了点头。

禅师接着说："所以，你要被度，不必找我，应该自己去找伞。"

说完，便扔下这个人独自走了。

面对禅师离去的背影，这个在雨中等待的人有些气愤，无奈只能等待天晴。天晴之后，他来到庙中，刚刚跪在观音像前，便看见一个长相和观音极为相似的人也在拜观音，便忍不住好奇地问道："你就是观音吗？"

那人回答："是的。"

他又问："既是观音，为何还要拜自己的塑身？"

观音认真地回答说："你来求愿是因为有难事，我也会遇到难事。但我知道，求人不如求己。"

电光火石般，这人想到了雨中邂逅的那位禅师的话，顿时大悟。

佛就是如此，可以助人修行，却不能帮你成佛。人唯有自性自度。所以佛常常说的“没有一个众生是需要我度的”并非自谦，而是实话。道理很简单，人人都要自求解脱，自性自度，除了自我得救，谁都救不了你。

世上无难事，只怕有心人！世上没有不可逾越的障碍，只要下定决心，一切困难都能迎刃而解。关键在于你是否准备好了，做自己生命的救世主！

大鸭游大路，小鸭游小路

圣严法语

脸庞因为笑容而美丽，生命因为希望而精彩，倘若说笑容是对他人的布施，那么希望则是对自己的仁慈。

圣严法师幼时家贫，甚至穷到连饭也吃不饱，但是几十年风风雨雨，他始终对生活充满希望。人生来平等，但所处的环境未必相同。所以，不管自己处于怎样的起点，都应该一如既往地对生活抱以热情的微笑。

圣严法师教诲："大雨天，你说雨总会停的；大风天，你说风总是会转向的；天黑了，你说明天依然会天亮的！这就是心中有希望，有希望就有平安，就有未来。"

禅林雅苑

圣严法师小时候，有一次与父亲在河边散步，河面上有一群鸭子，游来游去，自由畅快。他站在岸边，非常羡慕地看着这群与自己水中倒影嬉戏的鸭子。

父亲停下脚步，问道："你从中看到了什么？"

面对父亲的询问，他心中一动，却也不知道如何表达自己的想法。

父亲说："大鸭游出大路，小鸭游出小路，就像它们一样，每个人都有自己的路可以走。"

每个人都有自己的路，即使起点不同，出身不同，家境不同，遭遇不同，也可以抵达同样的顶峰，不过这个过程可能会有所差异，有的人走得轻松，有的人一路崎岖，但不论如何，艳阳高照也好，风雨兼程也罢，只要怀揣着抵达终点的希望，每个人都可以获得自己的精彩。

在一个偏僻遥远的山谷里的断崖上，不知何时，长出了一株小小的百合。它刚诞生的时候，长得和野草一模一样，但是，它心里知道自己并不是一株野草。它的内心深处，有一个纯洁的念头："我是一株百合，不是一株野草。唯一能证明我是百合的方法，就是开出美丽的花朵。"它努力地吸收水分和阳光，深深地扎根，直直地挺着胸膛，对附近的杂草置之不理。

在野草和蜂蝶的鄙夷下，百合努力地释放内心的能量。百合说："我要开花，是因为知道自己有美丽的花；我要开花，是为了完成作为一株花的庄严使命；我要开花，是由于自己喜欢以花来证明自己的存在。不管你们怎样看我，我都要开花!"

终于，它开花了。它那灵性的白和秀挺的风姿，成为断崖上最美丽的风景。年年春天，百合努力地开花、结子。多年后，这里被称为"百合谷地"。因为这里到处开满洁白的百合。

暂时的落后一点都不可怕，自卑的心理才是最可怕的。人生的不如意、挫折、失败对人是一种考验，是一种学习，是一种财富。我们要牢记"勤能补拙"，既能正确认识自己的不足，又能放下包袱，以最大的决心和最顽强的毅力克服这些不足，弥补这些缺陷。人的缺陷不是不能改变，而是看你愿不愿意改变。只要下定决心，讲究方法，就可以弥补自己的不足。

在不断前进的人生中，凡是看得见未来的人，都能掌握现在，因为明天的方向他已经规划好了，知道自己的人生将走向何方。留住心中的希望种子，相信自己会有一个无可限量的未来；心存希望，任何艰难都不会成为我们的阻碍。只要怀抱希望，生命自然会充满激情与活力。

知足是幸福的起点

圣严法语

“每个人都渴望获得幸福，但是在追求幸福的过程中，很多人漏失了唾手可得的快乐，还有很多人身在福中不知福。”圣严法师说，“很多人穷尽一生心力追寻幸福，换来的却只是苍苍白发和一声声欷歔，都是因为，他们不明白幸福的真谛。”

幸福的起点，来源于知足。在圣严法师的眼中，真正的知足是“多也知足，少也知足，没有也知足”。

禅林雅苑

圣严法师常常将不懂得知足的人比做米缸里的老鼠，不知道自己身边都是可以吃的米，反而在里面胡乱糟蹋，把米缸弄脏了，却又要跳出去找东西吃，不但身在福中不知福，还糟蹋了自己的福报。

古时候，有户人家有两个儿子。当两兄弟都成年以后，他们的父亲把他们叫到面前说：“在群山深处有绝世美玉，你们都成年了，应该做探险家，去寻求那绝世之宝，找不到就不要回来了。”

两兄弟次日就离家出发去了山中。

大哥是一个注重实际，不好高骛远的人。有时候，即使发现的是一块有残缺的玉，或者是一块成色一般的玉，甚至那些奇异的石头，他也统统装进行囊。

过了几年，到了他和弟弟约定会合回家的时间，此时他的行囊已经满满的了，尽管没有父亲所说的绝世完美之玉，但造型各异、成色不等的众多玉石，在他看来也可以令父亲满意了。

弟弟却两手空空，一无所得。弟弟说："你这些东西都不过是一般的珍宝，不是父亲要我们找的绝世珍品，拿回去父亲也不会满意的。"

弟弟拒绝回家，为了找到父亲口中的绝世珍宝，他决定继续去更远更险的山中探寻，立誓一定要找到绝世美玉。

哥哥带着他的那些东西回到了家中。父亲建议他开一个玉石馆或一个奇石馆，那些玉石稍一加工，就是上品，而那些奇石也是一笔巨大的财富。

短短几年，哥哥的玉石馆已经享誉八方，他寻找的玉石中，有一块经过加工成为不可多得的美玉，被国王御用作了传国玉玺，哥哥因此也成了巨富。

在哥哥回来的时候，父亲听了他介绍弟弟探宝的经历后说："你弟弟不会回来了，他是一个不合格的探险家。他如果幸运，能中途醒悟，明白至美是不存在的这个道理，是他的福气。如果他不能早悟，便只能以付出一生为代价了。"

很多年以后，父亲的生命已经奄奄一息。哥哥对父亲说要派人去寻找弟弟。

父亲说："不要去找了，如果经过了这么长的时间和挫折他都不能顿悟，这样的人即便回来又能做成什么事情呢？世间没有无瑕的玉，没有完美的人，没有绝对的事物，为追求这种东西而耗费生命的人，何其愚蠢啊！"

就像世上没有绝对完美的玉石一样，人生亦有不足，不可能没有缺陷。对于每个人来讲，不完美是客观存在的，无须怨天尤人。只要包容这些无法避免的缺陷，知足自然快乐。

不要做一个苛求的完美主义者，因为苛求完美的人很少看到优点，往往只关注缺点。如果总是不知足，很少肯定自己，自己就很少有机会获得信心，渐渐地，就会产生自卑心理。不知足就不快乐，痛苦会常常跟随着他，也会令周围的人不快乐。

学会欣赏别人和欣赏自己是很重要的，这是人们实现下一个目标的基石。只有知足，才能品尝到更多的喜悦与快乐，获得更多的自信与潇洒。一个人，要知足、培福、惜福，在遭逢逆境时不抱怨，一帆风顺时懂得感激，无论何时何地，都感到心满意足，才会真正幸福。

第十三章　虚怀若谷，见百川归海

滴水虽微，渐盈大器；滴水虽微，见微知著。一花一世界，一叶一菩提，唯有虚怀若谷，才能在一滴水中洞见海洋，在一粒尘中得见宇宙。做一面圣严法师所说的“反射镜”，观照自己，也照亮他人。

不做那一汪死海

圣严法语

在圣严法师眼中，真正的财富，在于内心世界的宽广、豁达与包容，更重要的是要有一颗慈悲心，以慈悲心对待众生。

所以，他倡导众生“要做无底的垃圾桶，要学无尘的反射镜”，把心量放大，多接纳人，多包容人，大的要包容小的，小的要谅解大的。从而实现和谐的人际关系，并最终实现“人间净土”的理想，让我们感受到这个世界充满了温暖的希望。

禅林雅苑

国外一位作家曾写过这样一篇文章：

巴勒斯坦有两个海，一个是淡水，里面有鱼，名为伽里里海。从山脉流下来的约旦河带着飞溅的浪花，成就了这个海。它在阳光下歌唱，人们在周围盖起了房子，鸟类在茂密的枝叶间筑巢，每种生物都因它而幸福。

约旦河向南流入另一个海。这里没有鱼的欢跃，没有树叶，没有鸟类的歌唱，也没有儿童的欢笑。除非事情紧急，旅行者总是选择别的路径。这里水面空气凝重，没有哪种动物愿意在此饮水。

这两个海彼此相邻，为何如此不同呢？不是因为约旦河，它将同样的淡水注入。不是因为土壤，也不是因为周边的国家。这两个海的区别在于：伽里里海接受约旦河，但绝不只进不出，每流入一滴水，就有另一滴水流出，接受与给予同在。

另一个海则精明厉害，它吝啬地收藏每一笔收入，绝不向慷慨的冲动让步，每一滴水它都只进不出。

伽里里海乐善好施，生气勃勃。另外那个海则从不付出，它就是死海。

像巴勒斯坦的两个海一样，世上也有两种人。一种乐于索取，一种乐于付出。吝于付出的人，他的生活也将死气沉沉，被幸福疏远。

人活着应该让别人因为你活着而得到益处。学会分享、给予和付出，你会感受到舍己为人，不求任何回报的快乐和满足。这样的幸福犹如香水，你不可能泼向别人而自己却不沾几滴。的确，在生活中，超越狭隘、帮助他人、撒播美丽、善意地看待这个世界……快乐、幸福和丰收会时时与我们相伴。不吝于付出，既是一种道德与精神力量的感召，同时也是一种处世智慧和快乐之道。

灵魂最美的音乐是善良与付出，爱心也总是能够为生命增添新的色彩。当我们像圣严法师所提倡的那样，用一颗虔诚而炙热的心去包容世间一切，并付出自己的一切的时候，心灵也能得到超脱。

俗话说："投之以桃，报之以李。"有时候，我们只是给予了别人一颗善心，却能够得到对方感恩的反馈，从而听到两颗心跳动的声音。人与人之间彼此包容、彼此谅解、彼此关爱的心将久久地温暖着每一颗尘封已久的心。当一种心与心共鸣而发出的旋律奏响时，心灵浸润其中，也会习得一种温情的通透，而原本覆盖着的蒙尘也随之被荡涤得没有了影踪。

世事就是这样，当我们左手付出爱时，便能从右手边收获爱。就像我们能够在旅途所经之处播撒下各种鲜花的种子，即使我们不会再从同样的路上经过，但是这种美的传播让原野变得美丽，让道路两侧鲜花缤纷、生机盎然，让寂寞的旅人耳目一新。

愉快的心情是一种难得的体验，使我们生活的环境为此而焕然一新：轻风在驰骋，泉流在激溅，鸟儿在鸣啼，风的微吟、雨的低唱、虫的轻叫、水的轻诉，显得是那么抑扬顿挫、长短疾徐，再加上夕阳的霞光，花儿的芬芳，高山的宏伟，彩虹的艳丽，空气的舒爽，有这般令人陶醉的景象，你是否还愿意做那一汪沉沉的死海呢？

遇谤不辩，沉默即宽容

圣严法语

“无乐小乐，小辩小慧；观求大者，乃获大安。”这是《法句经》中关于“大能容小”的偈语。圣严法师曾通过这一偈子告诫世人：“小辩才、小聪明是不可靠的。”

“小辩小慧”是以世俗的思想知见做辩论，即使能说得滔滔不绝，却只能头痛医头、脚痛医脚，只见树木不见森林。“大乐大辩”可包容一切，却并不是非要通过激烈的方式，有时候，沉默的辩解是一种令人肃然起敬的胸襟。

禅林雅苑

颂曰：“不智之智，名曰真智。蠢然其容，灵辉内炽。用察为明，古人所忌。学道之士，晦以混世。……不巧之巧，名曰极巧。一事无能，万法俱了。露才扬己，古人所少。学道之士，朴以自保。”在人生的旅途中，我们会有各种各样的遭遇，许多时候，沉默是最好的矛与盾，进可攻，退可守。

有位修行很深的禅师叫白隐，无论别人怎样评价他，他都会淡淡地说一句：“就是这样吗？”

在白隐禅师所住的寺庙旁，有一对夫妇开了一家食品店，他们家里有一个漂亮的女儿。一日，夫妇俩发现尚未出嫁的女儿竟然怀孕了。这种见不得人的事，使得她的父母震怒万分！在父母的一再逼问下，她终于吞吞吐吐地说出“白隐”两字。

她的父母怒不可遏地去找白隐理论，但这位大师不置可否，只若无其事地答道：“就是这样吗?”孩子生下来后，就被送给了白隐，此时，他的名誉虽已扫地，但他并不在意，而是非常细心地照顾着孩子。他向邻居乞求婴儿所需的奶水和其他用品，虽不免横遭白眼，或是冷嘲热讽，他总是处之泰然，仿佛他是受托抚养别人的孩子一样。

事隔一年后，这位没有结婚的妈妈，终于不忍心再欺瞒下去了，她老老实实地向父母吐露了真情：孩子的生父是住在附近的一位青年。

她的父母立即将她带到白隐那里，向他道歉，请求他原谅，并将孩子带了回来。

白隐仍然是淡然如水，他只是在交回孩子的时候，轻声说道：“就是这样吗?”仿佛不曾发生过什么事；即使有，也只像微风吹过耳畔，霎时即逝！

白隐为给邻居女儿生存的机会和空间，代人受过，牺牲了为自己洗刷清白的机会。在受到人们的冷嘲热讽时，他始终处之泰然，只有平平淡淡的一句话——“就是这样吗?”雍容大度的白隐禅师令人赞赏景仰。

在面对羞辱、误解、背叛的时候，沉默本身就是一种宽容。只是对于一个世俗人来说，这种宽容会让自己很不好受，是一种疼痛的过程。但对于悟道的人来说，这种宽容是一种快乐，因为它能够感化犯错的人，让他们从内心里反省自己的错误，这是一种无声之教。面对这样的沉默，所有语言的力量都是微不足道的。

环视芸芸众生，能做到遭误解、毁谤，不仅不辩解、报复，反而默默承受，甘心为此奉献付出、受苦受难，这样的人有几个呢?

遇谤不辩，是一种多么难得的人生智慧。当诽谤发生后，一味地争辩往往会适得其反，不是越辩越黑，便是欲盖弥彰。这时候，往往沉默是金，让清者自清而浊者自浊，这才是明智的选择。诽谤最终会在事实面前不攻自破的。在现实生活中，拥有“不辩”的胸襟，就不会与他人针尖对麦芒，睚眦必报；拥有“不辩”的情操，宽恕永远多于怨恨。

拔除嗔忿的毒根

圣严法语

在贪、嗔、痴、疑、慢五毒中，“嗔”是烦恼毒的根源。所谓一念嗔心起，八万障门开。

圣严法师说：“生活中，很多人只要心中有嗔、有怨、有恨，很快就会从面色、言辞、行动上表现出来。修行人要得心安稳安定，感到喜悦安乐，一定要把嗔心除掉。有些人没有表现贪欲，但嗔心很重；他不求名位、利禄、权势，也不想追求男色、女色，但对很多事情、很多人都看不顺眼。既然对任何事都怨愤不平，对任何人都采取对立的心态，心中岂能安定?”

禅林雅苑

在日常生活中，人的贪欲可以隐藏在内心深处，而很少有人能够喜怒不形于色。大多数人快乐时可以不动声色，而怒气却往往很明显地就浮现在脸上或者付诸于报复之中。

嗔怒就像是一匹脱缰的野马，奔跑的方向难以掌控。所以圣严法师认为嗔心的毒害最大，其爆发往往有指向性，一旦发作，害人害已，是双重的罪恶，“杀嗔心安稳，杀嗔心不悔；嗔为毒之根，嗔灭一切善”。

一个人若能够时刻提醒自己以一颗宽容心对己对人，以一份豁达的心境面对人与事，那么，这个人就能够除去很多烦恼，保持一颗宁静的心。“壁立千仞，无欲则刚”，布施心让人变得更加坚强；“海纳百川，有容乃大”，宽容心让人更加柔韧。坚忍是一种特质，像水一样，刀剑斩不断，绳索缚不住，牢笼困不得，而水滴却能穿石。

有一天，佛陀在竹林精舍的时候，忽然来了一个人，那人愤怒地冲进精舍来。原来是他同族的人，都出家到佛陀这里来了，因此，他大发嗔火。

佛陀默默地听了他的无理辱骂后，等他稍微安静时，对他说：“你的家偶尔也有访客吧？”

那人回答：“当然有了，你为什么问这些呢？”

佛陀不答，继续问道：“那个时候，你偶尔也会款待客人吧？”

那个人说：“那是当然了。”

佛陀继续问：“假如那个时候，访客不接受你的款待，那么，那些菜肴应该归谁呢？”

那个人回答：“要是他不吃的话，那些菜肴只好归我了。”

佛陀以慈祥的目光盯着他看了一会儿，然后说：“你今天在我面前说很多坏话，但是我并不接受它，所以你的无理谩骂，那是归于你自己的啊！婆罗门啊，如果我被谩骂，而再以恶语相向时，就有如主客一起用餐一样，因此，我不接受这个菜肴。”

然后，佛陀说：“对愤怒的人还以愤怒是一件不应该的事。对愤怒的人，不以愤怒还牙的人，将可得到两个胜利：知道他人的愤怒，而以正念镇静自己的人，不但胜于自己，而且胜于他人。”

面对他人的无理谩骂，佛陀并未生气，而是以一种平和的心态对待，甚至以一颗宽容之心为他剖析其中缘由。实际上这是佛陀对他的点悟和开示，是否能够参透，则要看他自己的造化了。

生活在凡尘俗世，难免与人磕磕碰碰，难免遭别人误会猜疑。你的一念之差、你的一时之言，也许别人会加以放大和责难；你的认真、你的真诚，也许会被别人误解和中伤。如果非得以牙还牙拼个你死我活，如果非得为自己辩驳澄清，可能会导致两败俱伤，还不如拔除嗔怒的毒根，做一个轻松之人。

在圣严法师眼中，灭嗔心是修行的必经之路，“如果能灭嗔心，就能修行一切善法。当嗔心的火熄灭时，对人会生起慈悲心，会以关怀、原谅、同情的心待人；当嗔心消灭时，对一切事物的决断，会以纯客观的智慧来处理自己的问题，分析他人的问题，化解一切麻烦的问题。所以说一旦嗔心灭，一切善法生了。”所以，众生在修行之时要学会以豁达的心胸待人处世，不以人之犯己而动气，而以祥和慈悲的态度面对一切事、一切人，就能够在世事面前如流水一样，可方可圆、顺其自然，过幸福的人生。

境由心造，后退一步天地宽

圣严法语

圣严法师曾经将慈悲与智慧比作飞鸟的一双翅膀，两者并存，才能够帮助人在修行的路上走得更远。

一颗包容之心，既蕴涵着善良的心意，又是一种人生智慧的体现。当包容心渐起的时候，人的自我观念就会减少，以一颗菩提心提升自我，关照他人。

禅林雅苑

四川青城山有一副很有名的对联：“事在人为，休言万般皆是命；境由心造，退后一步自然宽。”自古以来，宽厚的品德、宽容的性格就为世人所称颂，心胸狭窄被认为是一种缺陷。

唐朝时，狄仁杰与娄师德同朝为臣。但狄仁杰非常看不起娄师德，而娄师德却并不计较这些，他还曾向武则天推荐狄仁杰当宰相。

有一次，武则天问狄仁杰说：“娄师德贤能吗？”

狄仁杰回答说：“作为将领只要能够守住边疆，贤能不贤能我不知道。”

武则天又说：“娄师德能够知人善任吗？”

狄仁杰回答："我曾经与他共事，没有听到他能够了解人。"

武则天说："我任用你就是娄师德推荐的。"

狄仁杰知道后非常惭愧，尽管自己经常对他嗤之以鼻，但是娄师德却仍然能以宽厚、公平的心来对待自己。他深深地感叹道："娄公德行高尚，我已经享受他德行的好处很久了。"

娄师德不仅不计前嫌，反而向皇帝推荐狄仁杰，正所谓任人唯贤，这种品质非常难得。包容别人，也会给自己创造更大的心灵空间。

以包容的胸襟处世待人，既是禅修者修禅时必经的心路历程，同时也是我们每个人都应该具有的一种生活态度。包容本身包含着谦逊。古人说："满招损，谦受益。"人只有具备"海纳百川，有容乃大"的博大气魄，才能够束缚住自己内心不安分的念头，平心静气地学习他人的长处，弥补自己的短处，充实自我，成就自我。

俗话说"宰相肚里能撑船"，要想做一个能成大事的人，必须具备一颗包容之心。一个人要想成功，只有处处多为别人着想，包容别人，才会得到更多人的理解和支持，梦想才会更容易实现。

第十四章 即刻回头，自能上岸

奔波忙碌的现代人，总是被规划限制，被标准约束。若心里有欲望，心里有比较，心里有执著，就无法走向圆融的道路。莫若放下一切，即刻回头，岸就在眼前。

放下万缘，如自在浮云

圣严法语

万里行游而心中不留一念，漫步云端而世事无所牵系，这般情境是否令你心驰神往？而世事因缘聚散无常，圣严法师说："只有放下，才能获得真正的自由。"

禅宗认为，一个人只有把一切受物理、环境影响的东西都放掉，万缘放下，才能够逍遥自在。而人之所以无法达到这般洒脱的境地，就是因为无法放下。

禅林雅苑

有一个人拿了两个花瓶前来献佛。

佛陀对他说："放下！"

那个人就把他左手拿的那个花瓶放下了。

佛陀又说："放下！"

那个人又把右手拿的那个花瓶放下了。

佛陀还是对他说："放下！"

那个人说："能放下的我已经都放下了，我现在两手空空，没有什么可以再放下了，你到底让我放下什么呢？"

佛陀说："我让你放下的，你一样也没有放下；我没有让你放下的，你全都放下了。花瓶是否放下并不重要，我要你放下的是你的六根、六尘和六识。你的心已经被这些东西充满了，只有放下这些，你才能从生活的桎梏中解脱出来，才能懂得真正的生活。”

那个人终于明白了。

佛陀说的“放下”这两个字听起来容易，做起来却很难。有的人追求功名，自然放不下功名；追求金钱，就放不下金钱；追求爱情，就放不下爱情；有了嫉妒，就放不下嫉妒。世人有几个能真正地“放下”呢？

心理的压力远远重于手上的花瓶，“放下”，不失为一条获得幸福的绝妙方法！

禅师给了中年人一个篓子让他背在肩上，指着前方一条坎坷的道路说：“每当你向前走一步，就弯下腰来捡一粒石子放在篓子中，然后看看会有什么感受。”

中年人照着禅师的指示去做，他背上的篓子装满了石头后，禅师问他一路走来有什么感受。他回答说：“感到越来越沉重。”

禅师说：“每一个人来到这个世界上时，都背负着一个空篓子。我们每往前走一步就会从这个世界上捡一样东西，因此才会有越来越累的感慨。”

中年人又问：“那么有什么方法可以减轻人生的重负呢？”

禅师反问他：“你是否愿意将名声、财富、家庭、事业、朋友拿出来舍弃呢？”

那人默然，不能回答。

世人身体上的重担，心灵上的压力，何止手上的两个“花瓶”呢？花瓶还未放下，更多的人还在不断地给自己的背篓里加石子，使我们的步履一步步沉重。而这些重担与压力，使人活得异常艰辛。

圣严法师说：“能够放下的人，就是有智慧的人，是自在的人，是解脱的人。”提放自如，是经历了大风大浪之后的大彻大悟，是感悟人生的喜乐哀愁之后的身心空灵，也是一种走到蜿蜒小径的尽头之后的豁然开朗。曲径通幽处，别有洞天。

因而，在缤纷的社会中，学会“放下”可以使心灵获得解脱，让自己活得洒脱。只有放下万缘，我们才能如白云悠然，清闲自在天地间。

得失常挂心，宠辱皆心惊

圣严法语

“诸欲求时苦，得之多怖畏。失时怀热恼，一切无乐时。”欲望太多，又怎么能活得快乐？圣严法师说：“与欲望相伴的常常是痛苦，不论是追求的时候、得到的时候或者失去的时候，都是苦恼。”

虽然几乎人人有过这种经验，但仍然很难觉悟，总是在贪欲之中转个不停。

禅林雅苑

有一只木车轮因为被砍下了一角而伤心郁闷，它下决心要寻找一块合适的木片重新使自己完整起来，于是离开家开始了长途跋涉。

不完整的木车轮走得很慢，一路上，阳光柔和，它认识了各种美丽的花朵，并与草叶间的小虫攀谈；当然也看到了许许多多的木片，但都不太合适。

终于有一天，车轮发现了一块大小形状都非常合适的木片，于是马上将自己修补得完好如初。可是欣喜若狂的轮子忽然发现，眼前的世界变了，自己跑得那么快，根本看不清花儿美丽的笑脸，也听不到小虫善意的鸣叫。

于是，车轮停下来想了想，又把木片留在了路边，自个儿走了。

失去了一角，却饱览了世间的美景；得到了想要的圆满，步履匆匆，却错失了怡然的心境，所以有时候失也是得，得即是失。也许当生活有所缺陷时，我们才会深刻地感悟到生活的真实，这时候，失落反而成全了完整。

从上面故事中我们不难发现，尽善尽美未必是幸福生活的终点站，有时反而会成为快乐的终结者。得与失的界限，你又如何准确地划定呢？当你因为有所缺失而执著追求完美时，也许会适得其反，在强烈的得失心的笼罩下失去头上那一片晴朗的天空。

据说，爱斯基摩人捕猎狼的办法世代相传，非常特别，也极有效。严冬季节，他们在锋利的刀刃上涂上一层新鲜的动物血，等血冻住后，他们再往上涂第二层血；再让血冻住，然后再涂……

就这样，很快刀刃就被冻血掩藏得严严实实了。

然后，爱斯基摩人把血包裹住的尖刀反插在地上，刀把结实地扎在地上，刀尖朝上。当狼顺着血腥味找到这样的尖刀时，它们会兴奋地舔食刀上新鲜的冻血。融化的血液散发出强烈的气味，在血腥的刺激下，它们会越舔越快，越舔越用力，不知不觉所有的血被舔干净，锋利的刀刃暴露出来。

但此时，狼已经嗜血如狂，它们猛舔刀锋，在血腥味的诱惑下，根本感觉不到舌头被刀锋划开的疼痛。

在北极寒冷的夜晚里，狼完全不知道它舔食的其实是自己的鲜血。它只是变得更加贪婪，舌头抽动得更快，血流得也更多，直到最后精疲力竭地倒在雪地上。

生活中很多人都如故事中的狼，在欲望的旋涡中越陷越深，又像漂泊于海上不得不饮海水的人，越喝越渴。

可见，得与失的界限，你永远也无法准确定位，自认为得到越多，可能失去也会越多。所以，与其把生命置于贪婪的悬崖峭壁边，不如随性一些，洒脱一些，不患得患失，做到宠辱不惊，保持一份难得的理智。

坦然地面对所有，享受人生的一切，得到未必幸福，失去也不一定痛苦。得到时要淡定，要克制；失去时要坚强，要理智。兜兜转转，寻寻觅觅，浮浮沉沉，似梦似真，一路行走一路歌唱。像圣严法师所言，“做一个虔诚的朝圣者，可以不拜佛不敬神，永远地感恩生活的赐予，便会获得最美好的祝福。”

一切不幸都只是过程

圣严法语

人生像一场梦，无定，虚妄，短促，还要承受某些无法避免的痛苦。

圣严法师曾在《空花水月》中提到："从苦难中走出来的人，即使正在受苦，也不会觉得那么痛苦，因为对于他来说，已没有困难这回事。能不以苦难为苦难，这就是真正的灭苦。因此，消极的出世，并不能带来真正的快乐。只有积极的知苦、体会苦，从苦难中成长，才可以真正地离苦得乐。"

禅林雅苑

人生就像天气一样变幻莫测，有晴有雨，有风有雾。无论谁的人生，都不可能一帆风顺，况且，一帆风顺的人生，就像是没有颜色的画面，苍白枯燥。

等人老了的时候，回过头看看自己走过的路，开心的、伤心的，不都成了过眼云烟吗？一路走过来，难免会有许多辛酸的泪水，难免会有许多欢乐的笑声，当一切成为过去，谁还记得曾经有多痛，曾经有多快乐。

按照这种思路想来，一切都会过去的。那么，对于眼前的不幸，又何必过于执著？世间万事，来不可阻挡，去也不必挽留。生生死死，哭哭笑笑，一切的幸与不幸，都只是一个过程。

佛印正坐在船上与东坡把酒话禅，突然听到有人喊："有人落水了！"

佛印马上跳入水中，把人救上岸来。被救的原来是一位少妇。

佛印问："你年纪轻轻，为什么寻短见呢？"

"我刚结婚三年，丈夫就抛弃了我，孩子也死了，你说我活着还有什么意思？"

佛印又问："三年前你是怎么过的？"

少妇的眼睛一亮：

"那时我无忧无虑、自由自在。"

"那时你有丈夫和孩子吗？"

"当然没有。"

"那你不过是被命运送回到了三年前。现在你又可以无忧无虑、自由自在了。"

少妇揉了揉眼睛，恍如刚从梦中醒来。她想了想，向佛印道过谢便走了。以后，这位少妇再也没有寻过短见。

三年前少妇是快乐的，三年中有丈夫和孩子的相伴，她也是幸福的；而三年后一旦失去，却陷入了痛苦的泥潭，不能自拔。缘起缘灭，得到失去，都是人生中的一段经历。世人痴迷，三年前的快活犹在心中，却难以抵消三年后的苦恼。苏轼曾在赤壁慨叹道："人生如梦，一樽还酹江月。"既是如此，又何苦执著？因为一切都将过去。

众生苦苦寻求，就是为了离苦得乐，然而，什么才是快乐的真正法门？圣严法师怜悯众生，为在苦海中沉浮的众生开示："不要讨厌坏境界，也不要贪求好现象，只有不忮不求，才能无欠无赊，才能体会到真正的快乐。"命运弄人，它总是喜欢以玩笑来捉弄世人，那么，我们又何必太较真呢？有时候不妨也以游戏的心态面对，"游戏"不是态度，而是一种心情。

缘起缘灭，得到失去，好或不好，都是生命的常态，然而这一切都将过去。所以，在顺境中，不可得意忘形；在逆境中，不要自暴自弃，以心灵的常态对待生命就可以了。

反正我们是赤条条地来，赤条条地去，把一切不幸都看成一种难得的体验好了。即使明天就是世界末日，也要为你能在有生之年体验末日而感到幸运。

人从生到死，就像一场风吹过，走过春夏，卷过秋冬；走过悲欢，卷过聚散；走过红尘遗恨，卷过世间恩情。人生如梦，梦如人生。生命尽头，多少事，都付笑谈中。

一念贪心起，火烧功德林

圣严法语

对金钱的渴望人人都有，只是程度有深有浅。眷恋少者明白金钱买不到幸福，但沉迷于物质欲望之网的人被金钱束缚得越来越紧。

人为财死，鸟为食亡，历史上的众多典故，现实生活中发生的事情都印证了这句话的真实性，但圣严法师说："钱少一点，结的缘多一些，无欲少贪，才是最可贵的财富。"

禅林雅苑

禅宗中有一戒是手上不能拿金钱，而是十指相合，这一虔诚的姿势旨在告诉世人，莫让金钱腐蚀了清澄的内心。

金钱于我们的生活而言，确实很重要，但金钱不是万能的。钱是我们生活的仆人，千万不要颠倒了位置，因为贪婪而成为它的奴隶。过多的金钱并非是一件好事，有时候反而会要了人的命。

有一个人潦倒得连床也买不起，家徒四壁，只有一张长凳，他每天晚上就在长凳上睡觉。

他向佛祖祈祷："如果我发财了，我绝对不会像现在这样吝啬。"

佛祖看他可怜，就给了他一个装钱的口袋，说："这个袋子里有一个金币，当你把它拿出来以后，里面又会有一个金币，但是当你想花钱的时候，只有把这个钱袋扔掉才能花。”

那个穷人就不断地往外拿金币，整整一晚上没有闭眼，他家地上到处都是金币。这一辈子就是什么也不做，这些钱也足够他花了。每次当他决心扔掉那个钱袋的时候，他都舍不得。于是，他不吃不喝地一直往外拿着金币，直到屋子里装满了金币。

可是，他还是对自己说：“我不能把袋子扔了，钱还在源源不断地出来，还是让钱更多一些的时候再把袋子扔掉吧!”

到最后，他虚弱得没有把钱从口袋里拿出来的力气了，但是他还是不肯把袋子扔了。最后，他终于死在了钱袋的旁边，屋子里装的都是金币。

佛祖怜悯这个穷人，赐予他想要的财富，他却不能控制住自己内心的贪欲，装金币的袋子成了吸食生命的无底洞。欲望无穷，生命难保。

在物欲方面，凡是过分地追求和占有，都是贪欲。而贪欲不仅会造成心理上的负担，也会为自己带来痛苦。所以物质方面的少欲知足，往往能够营造安定的心境和安全的处境。

金钱并不是能够满足人心灵的东西，虽然它能为人心灵的满足提供多种手段和工具，但在现实生活中，你不能只顾享受金钱而不去享受生活。享受金钱只能让自己早日堕落，而享受生活能够使自己不断享受人生的幸福。

1971年，圣严法师获得硕士学位时，他的老师本幸男博士对他说了一句话：“道心之中有衣食，衣食之中无道心。”多年之后，这句话仍然是圣严法师的金钱观，人能够在修行中获得富足的生活，却不能在金钱的享用中悟得正道，所以他主张人应该将自己的财富布施到社会中去，钱少一些，结缘多一些，这样才能够获得更圆满的功德。

第十五章 心中有天籁，但奏无弦琴

箭未离弦时，便看到它在天空中飞行的轨迹，这是神射手的境界；闭着眼睛在月夜行走，不曾抬头便洞悉月圆或者月缺，这是明眼人的境界；手持无弦琴，耳边尽是动人天籁，这是有心人的境界。智者，应做心眼合一的神射手，当处处慧心的明眼人。

不嫉妒，才能得救赎

圣严法语

嫉妒心是美好生活中的毒瘤，是修行者悲心与慧命的绊脚石。

圣严法师说："自己得不到就放不下心，心里好像有一股酸酸的味道，这便是嫉妒心。"嫉妒别人其实是一种委实难受的滋味，虽然明白自己可能永远不可能得到对方的成果和美誉，但是嘴上不肯承认，还试图从对对方的藐视或者打击中获得平衡，这种酸酸的心理有百害而无一利。

禅林雅苑

嫉妒像是用冰凌磨制而成的冷箭，只能在暗处偷袭，而不敢在阳光下发射；嫉妒是由阴谋捆绑而成的棍棒，只能在潜伏中抽打别人的影子，而从不能摆到台面上。

嫉妒，是平庸的情调对卓越才能的反感；是一种啃噬人的内心，让人欲罢不能的疾病；是一种与人有害、于己无益的消极情绪。

在嫉妒这种疾病面前，很多人都成了患者，不论家世地位，不论出身背景，很多人都躲不开这种病毒的侵袭。

有这样一则故事：

在远古时代，摩伽陀国有一位国王饲养了一群象。象群中，有一头象长得很特殊，全身白皙，毛柔细光滑。后来，国王将这头象交给一位驯象师照顾。这位驯象师不只照顾它的生活起居，还很用心地教它。这头白象十分聪明、善解人意，过了一段时间之后，他们已建立了良好的默契。

有一年，这个国家举行大庆典。国王打算骑白象去观礼，于是驯象师将白象清洗、装扮了一番，在它的背上披上一条白毯子后，交给国王。

国王在一些官员的陪同下，骑着白象进城看庆典。由于这头白象实在太漂亮了，民众都围拢过来，一边赞叹、一边高喊着："象王！象王！"这时，骑在象背上的国王，觉得所有的光彩都被这头白象抢走了，心里十分生气、嫉妒。他很快地绕了一圈，然后就不悦地返回王宫。

一回王宫，他就问驯象师："这头白象，有没有什么特殊的技艺？"驯象师问国王："不知道国王您指的是哪方面？"国王说："它能不能在悬崖边展现它的技艺呢？"驯象师说："应该可以。"国王就说："好。那明天就让它在波罗奈国和摩伽陀国相邻的悬崖上表演。"

隔天，驯象师依约把白象带到那处悬崖。国王就说："这头白象能以三只脚站立在悬崖边吗？"驯象师说："这简单。"他骑上象背，对白象说："来，用三只脚站立。"果然，白象立刻就缩起一只脚。国王又说："它能两脚悬空，只用两脚站立吗？""可以。"驯象师就叫它缩起两脚，白象很听话地照做了。国王接着又说："它能不能三脚悬空，只用一脚站立？"

驯象师一听，明白国王存心要置白象于死地，就对白象说："你这次要小心一点，缩起三只脚，用一只脚站立。"白象也很谨慎地照做。围观的民众看了，热烈地为白象鼓掌、喝彩！国王愈想心里愈不平衡，就对驯象师说："它能把后脚也缩起，全身飞过悬崖吗？"

这时，驯象师悄悄地对白象说："国王存心要你的命，我们在这里会很危险。你就腾空飞到对面的悬崖吧！"不可思议的是，这头白象竟然真的把后脚悬空飞起来，载着驯象师飞越悬崖，进入波罗奈国。

波罗奈国的人民看到白象飞来，全城都欢呼起来。国王很高兴地问驯象师："你从哪儿来？为何会骑着白象来到我的国家？"驯象师便将经过一一告诉国王。国王听完之后，叹道："人的心胸为什么连一头象都容纳不下呢?"

真正的王者绝不会容不得他人的光芒存在，就像自己是一颗钻石一样，周围的珍珠只会衬托它的雍容华贵，而不会削减它的魅力。

圣严法师认为嫉妒是一种危险的情绪，它源于人对卓越的渴望与心胸的狭窄。嫉妒可以使天才落入流言、恶意和唾液编织而成的网中被绞杀，也可能令智者陷入个人与他人利益的冲撞中而寻不到出路。它不但损害着他人，也毁灭着自己。

产生了嫉妒心理并不可怕，关键要看你能不能正视嫉妒，并将其转化为自己的动力。与其让嫉妒啃噬着自己的内心，不如升华这种嫉妒之情，把嫉妒转化为成功的动力，化消极为积极，做一个"心随朗月高，志与秋霜洁"，虚怀若谷、包容万千的人。

境随心转是圣贤

圣严法语

有位老婆婆有两个儿子，大儿子卖伞，小儿子卖扇。雨天，她担心小儿子的扇卖不出去；晴天，她担心大儿子的生意难做，终日愁眉不展。

一天，她向一位路过的僧人说起此事。僧人哈哈一笑："老人家你不如这样想，雨天，大儿子的伞会卖得不错；晴天，小儿子的生意自然很好。"

老婆婆听了，十分开心。

悲观与乐观，其实就在一念之间，就像圣严法师所言："心随境转是凡夫，境随心转是圣贤。"

禅林雅苑

世界上什么人最快乐呢？有个笑话说，世界上卖豆子的人应该是最快乐的。

假如他们的豆子卖不完，可以拿回家去磨成豆浆，再拿出来卖给行人。如果豆浆卖不完，可以制成豆腐，豆腐卖不成，变硬了，就当做豆腐干来卖。而豆腐干卖不出去的话，就把这些豆腐干腌起来，变成腐乳。

还有一种选择是：卖豆人把卖不出去的豆子拿回家，泡上水让豆子发芽，几天后就可改卖豆芽。豆芽如卖不动，就让它长大些，变成豆苗。如豆苗还是卖不动，再让它长大些，移植到花盆里，当做盆景来卖。如果盆景卖不出去，那么再把它移植到泥土中去，让它生长。几个月后，它结出了许多新豆子。一颗豆子现在变成了上百颗豆子，想想那是多么划算的事！

一颗豆子在遭遇冷落的时候，可以有无数种精彩选择。人更是如此，当你遭受挫折的时候，千万不要丧失信心，稍加变通，再接再厉，就会有美好的前途。

条条大路通罗马，不同的只是沿途的风景，而在每一种风景中，我们都可以发现独一无二的精彩。

有一位失败者非常消沉，他经常唉声叹气，很难调整好自己的心态，因为他始终难以走出自己心灵的阴影。他总是一个人待着，脾气也慢慢变得暴躁起来。他没有跟其他人进行交流，他更没有把过去的失败统统忘掉，而是全部锁在心里。但他并没有尝试着去寻找失败的原因，因此，虽然始终把失败揣在心里，却没有真正吸取失败的教训。

后来，失败者终于打算去咨询一下别人，希望能够帮自己摆脱困境。于是，他决定去拜访一名成功者，从他那里学习一些方法和经验。

他和成功者约好在一座大厦的大厅见面，当他来到那个地方时，眼前是一扇漂亮的旋转门。他轻轻一推，门就旋转起来，慢慢将他送进去。刚站稳脚步，他就看到成功者已经在这里等候自己了。

“见到你很高兴，今天我来这里主要是向你学习成功的经验。你能告诉我成功有什么窍门吗？”失败者虔诚地问。

成功者突然笑了起来，用手指着他身后的门说：“也没有什么窍门，其实你可以在这里寻找答案，那就是你身后的这扇门。”

失败者回过头去看，只见刚才带他进来的那扇门正慢慢地旋转着，把外面的人带进来，把里面的人送出去。两边的人都顺着同一个方向进进出出，谁也不影响谁。

“就是这样一扇门，可以把旧的东西放出去，把新的东西迎进来。我相信你也可以做得到，而且你会做得更好！”成功者鼓励他说。

失败者听了他的话，也笑了起来。

失败者与成功者的最大区别是心态的不同。失败者的心态是消极的，结果终日沉湎于失败的往事，被痛苦的阴影笼罩，无法解脱；而成功者的心态是开放的、积极的，能从一扇门领悟到成功的哲理，从而取得更多的成就。

心随境转，必然为境所累；境随心转，红尘闹市中也有安宁。人生像是一张白纸，色彩由每个人选择；人生又像是一杯白水，放入茶叶则涩，放入蜂蜜则甜，一切都在自己的掌握中。

打开心灵的旋转门，悲伤与快乐进进出出，人生每分每秒都有曼妙风景。

自知之明是生命的完美底线

圣严法语

天生的圣人，毕竟不多，圣人也往往是由凡人修行而成的。在修行中，人难免会暴露出自己的种种缺点和不足。有些人，在顺境中，自负自大，不可一世；而一旦遭遇挫折，便会觉得荆棘满地而一蹶不振。圣严法师在分析这些人的时候，认为他们所缺少的是自知之明，不清楚自己的缺点，也不知道自己的实力。

所以，人要有自知之明，量力而为，才不会力不从心。

禅林雅苑

人贵有自知之明。但自知的获得，又谈何容易？只有经历暴风骤雨的洗礼，雪压霜欺的磨砺，在无数次的跌倒中爬起，才能够找到真实的自我，才能够正确面对自己的对与错、美与丑、善与恶，从内心做到不怨天尤人，真正认识到自己的能力，再通过不断修补与完善，向更加完美的人生靠近。

可见，自知之明的“贵”字来得何其不易！

有自知之明，就意味着：无论我们做什么，虽然要尽力而为，但也要量力而行。因为一个人无论怎么强大，在能力上都会有一个“底线”。

在一座深山中藏着一座千年古刹，有一位高僧隐居在此。听到他的名声，人们都千里迢迢来找他，有的人想向大师求解人生迷津，有的人想向大师讨一些武功秘籍。

他们到达深山的时候，发现大师正从山谷里挑水。他挑得不多，两只木桶都没有装满。

按他们的想象，大师应该能够挑很大的桶，而且挑得满满的。

他们不解地问："大师，这是什么道理？"

大师说："挑水之道并不在于挑多，而在于挑得够用。一味贪多，会适得其反。"众人越发不解。大师从他们中拉了一个人，让他重新从山谷里打了两满桶水。那人挑得非常吃力，摇摇晃晃，没走几步，就跌倒在地，水全都洒了，那人的膝盖也摔破了。

"水洒了，岂不是还得回头重打一桶吗？膝盖破了，走路艰难，岂不是比刚才挑得更少吗？"大师说。

"那么大师，请问具体挑多少，怎么估计呢？"

大师笑道："你们看这个桶。"

众人望去，桶里画了一条线。

大师说："这条线是底线，水绝对不能高于这条线，高于这条线就超过了自己的能力和需要。起初还需要画一条线，挑的次数多了，就不用看那条线了，凭感觉就知道是多是少。有这条线，可以提醒我们，凡事要尽力而为，也要量力而行。"

众人又问："那么，底线应该定多低呢？"

大师说："一般来说，越低越好，因为低的目标容易实现，人的勇气不容易受到挫伤，相反会培养起更大的兴趣和热情，长此以往，循序渐进，自然会挑得更多、挑得更稳。"

无论是大师，还是普通人，在能力上都会有一个底线，如果超过了这个底线，去做力不能及的事，那么，再强健的人也要摔跤。

人贵有自知之明，难得真正了解自己、战胜自己、驾驭自己。自以为自知同真正自知不同，自以为了解自己是大多数人容易犯的毛病，真正了解自己是少数人的明智。人生如秤：对自己的评价称轻了，容易自卑；称重了，又容易自大；只有称准了，才能实事求是、恰如其分地感知自我，完善自我。

自知无知才求知，自知无畏才拼搏。好说己长便是短，自知己短便是长。自知度愈高，求知欲愈强。学然后知不足，知然后更求知。掌握的东西越多，越感到自己学识的短浅。因此，有人说自知之明是比才能更罕见、更优美、更珍奇的东西，它总是在无边的黑夜中熠熠生光，为行人指引正确的方向。

懂得感恩，万事随缘心不乱

圣严法语

“心如工画师，画种种五阴；一切世界中，无法而不造。”

圣严法师非常喜欢这条偈语，短短的二十字，却道出了深刻的道理，我们的心就像是一个非常高明的画家，能够极其细腻地画出身心活动的一切现象，甚至我们所处的环境，也都是由这个内心的画家创造出来的。

感恩之心，是众多心灵画笔中最神奇的一支，犹如造物主，创造了更多奇迹。

禅林雅苑

造物主虽然神奇，但是他给每个国家、每个地区的东西，确实都不多。比如，他仅给杭州一个西湖，仅给曲阜一个孔子。

他给予每个人的东西就更少了。他只给了牛顿一个苹果，而且还是掷过去的；他只给了迪斯尼一只老鼠，当这只老鼠到达的时候，迪斯尼甚至连一块面包都吃不上了。

造物主的馈赠虽然少得可怜，但是那馈赠却像酵母一样，催生出无数奇迹。只有有心人才会发现他的馈赠是多么丰厚。

聪明的江南人利用西湖把杭州变成了天堂；智慧的北方人则利用孔子

把曲阜变成了圣地。所以，每个人都应该学会感恩。你虽然没有别人英俊潇洒，但你可能身强体壮；你虽然不会琴棋书画，但你可能思维敏捷……你不可能拥有生活的全部，但是造物主也一定不会亏待你。

幸福只降临在认为自己幸福的人身上，生活永远是比上不足比下有余的，若总是将心灵的画布涂上黑压压的色彩，那么，自然难以领略冬日暖阳的温暖。

从前，有一个人，他生前善良且热心助人，所以他死后，到了西方极乐世界，做了佛祖的侍者，善良的他仍时常到凡间帮助人。

一日，他遇见一个农夫，农夫的样子非常苦恼，农夫向他诉说："我家的水牛病死了，没它帮忙犁田，那我怎能下田作业呢?"

于是，侍者赐给农夫一头健壮的水牛，农夫很高兴，侍者在这个农夫身上感受到了幸福的味道。

又一日，他遇见一个男人，男人非常沮丧地诉说道："我的钱被骗光了，没盘缠回乡。"

于是，侍者给男人银两作路费，男人很高兴，侍者在这个男人身上也感受到了幸福的味道。

后来，他遇见一个诗人，诗人年青、英俊、有才华且富有，妻子貌美而温柔，但诗人过得不快活。

侍者问诗人："你不快乐吗？我能帮你吗?"

诗人对侍者说："我什么都有，只欠一样东西，你能够给我吗?"

侍者回答说："可以。你要什么我都可以给你。"

诗人直直地望着侍者："我想要的是幸福。"

这下子可把侍者难倒了，侍者想了想，说："我明白了。"

然后，侍者把诗人所拥有的都拿走了。

侍者拿走了诗人的才华，毁了诗人的容貌，夺去了诗人的财产和诗人妻子的性命。

侍者做完这些事后，便离去了。

一个月后，侍者再回到诗人身边，诗人那时饿得半死，衣衫褴褛地在生活中苦苦挣扎。

于是，侍者把诗人的一切还给他。然后，又离去了。

半个月后，侍者再去看诗人。

这次，诗人搂着妻子，不停地向侍者道谢。因为，他得到幸福了。

幸福是什么？一千个人就会有一千种答案。在需要时及时得到是幸福，失而复得也是幸福。珍惜得到的一切，珍惜拥有的一切，感恩生活，感恩造物主，幸福就是此时此刻。对于我们能拥有的和已经拥有的一切，人应该懂得感恩和知足。

没有阳光，就没有温暖；没有雨露，就没有五谷的丰登；没有水源，就没有生命；没有亲情、爱情和友情，就没有爱的温暖相伴。

感恩生活，万事随缘，自然海阔天蓝，风轻云淡。

卸去抱怨的心灵枷锁

圣严法语

“抱怨”存在于我们生活中的每一个角落，就好像美丽也总是在不经意间闯入我们的视野一样。抱怨会带来烦恼，痛苦会像滚雪球一样，越来越大，越来越沉重。

如何摆脱抱怨的情绪？圣严法师开示：不要抱怨别人，倾听别人的抱怨，接受别人的抱怨。有一颗不抱怨的心，美丽便会尽收眼底。

禅林雅苑

佛陀经过了多次轮回才终得正果，他想知道世间其他生命如何看待自己这一世的修行，便询问众生，假如可以重新选择，将会怎样选择今生的生活。

众生的回答令佛陀大吃一惊。

猫说：“假如让我再活一次，我要做一只鼠。我偷吃主人一条鱼，会被主人打个半死。而老鼠呢，可以在厨房翻箱倒柜，大吃大喝，人们对它也无可奈何。”

鼠说：“假如让我再活一次，我要做一只猫。吃皇粮，拿官饷，从生到死由主人供养，时不时还有我们的同类给它送鱼送虾，很自在。”

猪说："假如让我再活一次，我要当一头牛。生活虽然苦点，但名声好。我们似乎是傻瓜懒蛋的象征，连骂人也都要说'蠢猪'。"

牛说："假如让我再活一次，我愿做一头猪。我吃的是草，挤的是奶，干的是力气活，有谁给我评过功，发过奖？做猪多快活，吃罢睡，睡罢吃，肥头大耳，生活赛过神仙。"

鹰说："假如让我再活一次，我愿做一只鸡，渴有水，饿有米，住有房，还受主人保护。我们呢，一年四季漂泊在外，风吹雨淋，还要时刻提防冷枪暗箭，活得多累呀！"

鸡说："假如让我再活一次，我愿做一只鹰，可以翱翔天空，任意捕兔捉鸡。而我们除了生蛋、报晓外，每天还胆战心惊，怕被捉被宰，惶惶不可终日。"

最有意思的是人的答卷。

不少男人写道："假如让我再活一次，我要做一个女人，可以撒娇、可以邀宠、可以当妃子、可以当公主、可以当太太、可以当妻妾……最重要的是可以支配男人，让男人拜倒在石榴裙下。"

不少女人写道："假如让我再活一次，一定要做个男人，可以蛮横、可以冒险、可以当皇帝、可以当王子、可以当老爷、可以当父亲……最重要的是可以驱使女人。"

佛陀看完，重重地叹了一口气："为何人人只懂抱怨？若是如此，又怎会有更加丰富充实的来世？"

每个人都有自己要抱怨的事情，似乎每个人都理直气壮，却忽略了幸福源自珍惜，生活不是攀比。当这些牢骚与抱怨化作心灵天窗上厚厚的尘埃时，灿烂的阳光又怎能照进心田？那漫天的花雨你又能看见几许？

有个寺院的方丈，曾立下一个奇怪的规矩：每到年底，寺里的和尚都要面对方丈说两个字。第一年年底，方丈问新和尚心里最想说什么，新和尚说："床硬。"第二年年底，方丈又问新和尚心里最想说什么，新和尚说："食劣。"第三年年底，新和尚没等方丈提问，就说："告辞。"方丈望着新和尚的背影，自言自语地说："心中有魔，难成正果。"

“魔”就是新和尚心里没完没了的抱怨。像新和尚这样的人在现实生活中有很多，他们总是怨气冲天，牢骚满腹，总觉得别人欠他们的，社会欠他们的，从来感觉不到别人和社会为他们所做的一切。这种人只会心里抱怨，不会有所成就。

一位哲人说，世界上最大的悲剧和不幸就是一个人大言不惭地说：“没人给过我任何东西。”许多人都抱怨过处境艰难，毫无疑问，抱怨是无济于事的，反而是乐观豁达的心态能解开心灵的枷锁。抱怨相当于赤脚在石子路上行走，而乐观是一双结结实实的靴子。

你还在抱怨你生活的世界没有给你美吗？庄子说得好：“天地有大美而不言。”美到处都有，生活中不是缺少美，只是缺少发现美的眼睛。通过万花筒看世界，美得变幻无穷；通过污秽的窗子看人生，到处都是泥泞。到底你的生命画布如何着色，要看你拥有一颗怎样看待世界的心。不抱怨，把天地装在心中，就能看见自然的美。

第十六章　掬水月在手，弄花香满衣

圣严法师说："心净则国土净。"禅是抵达心净的必经之路，也是与人为善的最佳方式。做一个心怀慈悲的人，与人结恩不结怨，关心他人也便是关怀自己。

布施，不是施舍

圣严法语

布施是行善的方式，而行善是一种美德。圣严法师常常教导信徒要积极行善，因为善行既可以帮助身处困境中的人，又可以使自己的心灵得到安慰，修行得到提升。

然而，布施也并非总能顺利进行，之所以受到阻碍，有时候是因为自己不肯施，有时候则是因为他人不肯受。所以，布施不是施舍，也需要智慧。

禅林雅苑

中国台湾作家林清玄曾经在《吝啬的人》中讲过这样一个故事：

从前有一个人非常吝啬，吝啬到珍惜自己的每一根头发，可谓“一毛不拔”。他从来都不肯把自己的东西送给需要的人，从没有动过布施的心思，甚至连“布施”这两个字都说不出口，仿佛话一出口，自己的财物就会有所损失。

佛陀为了教化此人，便开示他道：一个人这辈子之所以富有，比别人长得高、长得帅，所有一切美好的事物，都跟上辈子的布施有关。

在佛祖的开示下，这个人深受触动，但是他仍然无法像别人那样顺利布施。他找到佛祖，对佛祖说："世尊，我也很想帮助别人，用自己的财富去救济穷人，帮助需要的人。但是每一次当我要把东西送出去时，就会感到割肉一般的疼痛。对我而言，布施实在太困难了。"

佛祖静静地听他说完之后，从地上抓起一把草，对他说："请你把这把草从你的左手交到你的右手中。"

这个人一听，毫不迟疑地照做了。

佛祖又说："现在，把你的右手想象成自己，左手想象成他人，然后请把这把草再从右手交到左手里。"

吝啬的人一听要把草给别人，就犹豫了，他想得满头大汗也舍不得这把草。

佛祖轻轻地在他耳边说："难道左手不是你自己的手吗?"

如此一想，他赶紧把草放到了左手里。

佛祖要求他反复几次，终于，他能够克服自己心中的障碍，将草交到身边人的手中了。

经过不断练习，这个"吝啬鬼"成了众人眼中的"慈善家"，他不仅将自己的财富布施给别人，临终前甚至把自己的身体也捐献了出去，自然证得了无上菩提。

这个故事令林清玄十分感动，他说："再吝啬、再坏的人，只要发心想追求菩提，只要让自己朝着美好、光明、善良的地方走，就可以通过训练开启菩提心，成为慈悲的人。"

布施是困难的。因为布施便意味着失去，将自己辛苦积攒的财富，艰难获得的真理，几十年积累的经验，不存私心地送给他人，甚至可能是陌生人，心中难免会有不舍，但是，这种仁慈之心，善良之心，这种分享与互助的感召力，可以令这个世界变得更加温馨。

有时候，布施不仅仅需要克服内心的不舍，还需要另外一种智慧，以使受施者坦然接受，而不伤及自尊。

某一年，台风对沿海的一些城镇造成了巨大破坏，尤其是偏远的农村，居民的生活陷入了困境，急需援助。

在一座小村庄里，前来参加赈灾的僧人们将寺院筹集的赈灾物资挨家挨户送到了村民们手里。但是，当其中一位法师将东西送到一位老人家面前时，却遭到了拒绝。

老人犹豫着说："我是基督教的信徒，我信仰的是主，不能接受你们佛教的赈济。"

法师环视了一下老人家中破败的景象，微微一笑，诚恳地说道："老人家，请您收下吧，这是造物主派我给您送来的。"

老人一愣，随即感激地接过了法师手中的钱物，而之前倍感尴尬的随行人员也都露出了由衷佩服的微笑。

法师不过是说了一句看似平常甚至略带调侃的话，但是在这种场合之下，却使受者的疑虑、施者的尴尬顿时烟消云散。

布施者在布施时，应该怀着一颗慈悲心，以最单纯的爱心来面对受施者，要时时刻刻顾及他们的感受，而不能带有丝毫高高在上的傲慢心理。

布施不仅是金钱和物质上的关怀，爱的传递才更加珍贵。

良言入心三冬暖

圣严法语

柔软与坚强，看起来是对立的，却可以同时存在。大部分人会认为刚硬的东西一定很坚固，但圣严法师说，有时候刚硬的东西往往很脆弱，比如像金刚钻这般坚硬的物件，也可以用切割钻石的工具将之毁损。

在法师眼中，恰恰是那些看似柔弱的东西，是最坚强的。就好像恶毒的语言，虽然锐利，却只会导致结怨；而适当赞美的语言，柔和却直指人心。

纵然他人用尖酸刻薄的语言来打击自己，也不要想着以牙还牙、以眼还眼，而是用柔和、宽厚的态度回应，善尽自己的一切努力，来转变因缘，既保护别人，也保护自己，这也正是圣严法师对《法句经》中偈语的阐释：“是以言语者，必使己无患，亦不克众人，是为能善者。”

禅林雅苑

牙齿坚硬刚强，从不示弱，无坚不摧；而舌头恰恰相反，软弱无力，避实就虚，知难而退，不敢争锋，一生被认定软弱的代表。

然而，当人白发苍苍之时，牙齿早已掉得精光，而舌头却依然还在。

这也正说明，坚硬的东西往往容易破碎、断裂，甚至粉身碎骨；但柔软的东西可以更加绵长。做人的道理也是如此，做人不可锋芒毕露；说话也是如此，恶语伤人，六月天也有如三九寒冬。

子贡是孔子最得意的弟子之一，他是一个性格比较清高、通透的人，悟性也好，最突出的特点是口才好，有才气。但是有才华的人通常会有一个毛病，那就是对人求全责备，总是以很高的标准去要求他人。而且因为自己才华横溢，往往就对很多人看不上眼，口出狂言也是常有的事。子贡大概也有点说话太刻薄的习惯，不懂得委婉、含蓄，这样脱口而出的话伤人也是在所难免的。因此，孔子说："赐也贤乎哉？夫我则不暇。"意思是："子贡对人说话这样，他还能成为贤人吗？换作我，我就没时间去对人吹毛求疵。"

其实，生活中很多人都会犯子贡所犯的错误，常常只顾着自己痛快，话出口之后才发现会不小心伤害别人。正所谓"恶语伤人六月寒"，与人为难，必然会与人结怨，如此尖利的锋芒必将遭受更多的障碍与打击。所以，不要求全责备，不要吹毛求疵，与其苛求别人，不如反省自己。

反省自己，赞美他人，这才是与人相处之道。不说伤人的"恶语"，而是去发现别人的优点，并给予赞美，便会"良言入心三冬暖"。

一天夜里，刮起了十分凶猛的台风。由于风势的猛烈，整个市区都停了电，陷入一片漆黑之中。就在这天晚上临睡之前，女儿赤着脚丫举着一支蜡烛来到母亲的面前，对她说："妈妈，我最喜欢的就是台风。"

"你为什么喜欢台风？难道你不知道吗，每刮一次大风，就会有很多屋顶被掀跑，很多地方被淹水，铁路被冲断，家庭主妇望着六十元一斤的白菜生气，而你却说喜欢台风？"母亲生气地说道。

"因为有一次，台风来的时候停电……"

"你是说你喜欢停电？"

"停电的时候就可以点蜡烛。"

"蜡烛有什么特别的？"母亲继续好奇地问。

"我拿着蜡烛在屋里走来走去，你说我看起来很像天使……"

听了女儿的解释，母亲终于在惊讶中静穆下来。

“也许以她的年龄，她对天使是什么也不甚了解，她喜欢的只是我那夜夸她时那赞美的语气。”

这便是语言的力量。在日常生活中，我们都可能遇到类似的事情，一句不经意的赞美，却有可能改变很多事情，对方的心情，彼此的印象，事件的格局，乃至创造一个奇迹。

所以，不要吝啬自己的赞美，也许你的一句话会令对方受益终生。每一个角落都在等待阳光的照耀，每一个人都在等待美好时光的到来，每一颗心都在等待心灵的碰撞。为别人鼓掌喝彩，就是尊重别人的价值，让别人在无情的竞争中获得一份温情。也许他像是一只煅烧失败、一经出世就遭冷落的瓷器，没有凝脂般的釉色，没有精致的花纹，无法被人藏于香阁。但是，你对他的安慰和鼓励，可能带给他一片灿烂的艳阳天。

心有菩提，结恩不结怨

圣严法语

人间不公平的事有很多，都是公说公有理，婆说婆有理，很难寻求到真实客观的公平。所以人和人在相处之时，为了各自所坚持的“真理”，难免会起冲突。

但是，圣严法师本着一颗慈悲之心告诫众人，与人相处时结恩不结怨。冤家宜解不宜结，与人结怨，不如施恩于人。

禅林雅苑

结恩不结怨，本就是一颗菩萨心。《华严经》中有语：“菩萨未曾染着色，受想行识亦如是；不住一切诸三昧，所有功德悉回向。”慈悲的佛陀，智慧的禅者，总是能够将自己从红尘诸欲的束缚中解脱出来，并指引其他向佛人。

一大早，寺院门口就吵闹不休，玄素禅师前去询问，了解到原来是一个屠夫想要进寺烧香拜佛，但是寺里的僧人嫌他满手血腥，不肯让他进殿，于是双方发生了争执。玄素禅师看到这个情景，立刻阻止了众僧人。

他问道：“为何事在这里吵闹？”

旁边的僧人说道：“这个屠夫每天杀猪宰牛，双手沾满了血腥与罪孽，怎么能让他破坏佛门的清净呢？”

旁边的人也附和道：“每天晚上，他家里就会传来猪狗牛羊的哀叫声，听得人心烦，让人无法入睡，像他这样的人怎么可以到这里来呢？”

玄素禅师说道：“你们这样说就不对了，他身为屠夫，为了生计被迫屠宰生灵，一定于心不安，有很多罪需要忏悔。佛门为十方善人而开，也为度化十方恶人而开。”

屠夫满面感激，来到禅师面前说：“方丈慈悲，我杀孽太重，于心不安，所以想要请方丈和各位法师到我家里去，我准备在家里办斋供养各位，以安慰我不安的心。我们全家斋戒沐浴三日，恳请各位光临寒舍，助我完成这个心愿。”

众人听了他的话，摇头不止。玄素禅师却用微笑化解了，他说道：“在佛面前，人人平等，每个人都有同样的机会，只要与佛有缘，就可度他，佛门慈悲，不会舍弃任何人。”

屠夫也好，显贵也罢，在佛陀眼里，众生皆平等，哪里分谁聪明，谁愚钝，谁善良，谁凶恶呢？所以玄素禅师毫不犹豫，欣然愉快地接受屠夫的邀请去屠夫家做客。

佛陀眼中，众生平等，所以每个人都可以本着一颗向佛之心步入佛堂，真正的禅者不应阻拦，而是应该作出接引，当其他僧人的阻拦激起屠夫的愤怒时，玄素禅师却用微笑化解了仇恨，并承引了善意的因缘，既是自己与屠夫的善缘，更成全了屠夫与佛门的善缘。

善待我们生命中的每一个人，与人为善不结怨，其实也是在善待我们自己。

送一轮照亮心房的明月

圣严法语

佛经上说："一念觉，众生是佛。"众生皆有佛缘，开启慈悲心，发掘智慧心，立地成佛，不畏遮眼浮云，生命的微笑将绽放在世界的每一个角落。

圣严法师开示，佛陀涅槃之后，他的弟子都在人世间，一代一代的，"上求佛法以自利，下度众生以利他"，以佛法来帮助自己是智慧，以佛法来帮助他人是慈悲。慈悲心愈重，智慧愈高，烦恼也就愈少。

所以，真正的慈悲是关怀众生，不论是亲朋好友，还是路人，都要随时准备给对方以帮助。

禅林雅苑

圣严法师说："心净则国土净。"禅是抵达心净的必经之路，征途漫漫，虽有风雨，却仍有彩虹在云端绽放美丽；虽有激流，却仍有水花在阳光下飞溅绚烂；虽有歧路，亦有坦途；虽有悲伤，亦有欢乐。

而布施是重要的禅修方式之一。慷慨对人，是仁人的虔诚，是智者的宁静。

智德禅师在院子里种了一株菊花。三年之后的秋天，院子里已经开满了菊花，花香随风飘散，甚至飘到了山下的乡村里。

到禅院里礼佛的信徒们常常流连于这美丽的花园之中，交口称赞："多么美丽的菊花啊！"

有一天，一个信徒对智德禅师说他想要跟禅师讨几株菊花种到自己家里，想让自己的家人也能每天看到如此美丽的花朵，嗅到这股芳香。智德禅师立刻答应了，并亲手帮他挑了几株开放得最旺盛，枝叶最繁茂的，然后连根须一起挖出来送给他。

消息传开之后，前来要花的人接踵而来，络绎不绝。智德禅师一一满足了他们的要求。不久，禅院中的菊花都被送出去了。

弟子们看到荒芜的禅院，不禁有些伤感，他们略带惋惜地对智德禅师说："真可惜，这里本应该是满园飘香啊！"

智德禅师微笑着说："可是，你们想想看，这样不是更好吗？因为三年之后，将会是满村菊香四溢啦！"

"满村菊香"，弟子们听师父这么一说，心中的不满和惋惜立刻得到了释放。

智德禅师将满园菊花送人，是想把美好的事物与别人一起分享。他挣脱了自我私利的束缚，以慷慨仁爱之心对人，即使自己一无所有，也要让其他人分享自己的幸福。这是一件快乐的事情，是真正的修佛者才拥有的行者胸怀。

人常说，送人玫瑰，手有余香，送人一株菊花，亦会香飘万里，就好像送人一轮明月，清凉的月光会照耀自己的心房。

一位住在山中茅屋里修行的禅师，有一天趁夜色到林中散步，在皎洁的月光下，突然开悟。他喜悦地走回住处，眼见到自己的茅屋遭小偷光顾。找不到任何财物的小偷要离开的时候在门口遇见了禅师。原来，禅师怕惊动小偷，一直站在门口等待。他知道小偷一定找不到任何值钱的东西，早就把自己的外衣脱掉拿在手上。

小偷遇见禅师，正感到惊愕的时候，禅师说："你走老远的山路来探望我，总不能让你空手而回呀！夜凉了，你带着这件衣服走吧！"

说着，就把衣服披在小偷身上，小偷不知所措，低着头溜走了。

禅师看着小偷的背影穿过明亮的月光消失在山林之中，不禁感慨地说："可怜的人呀！但愿我能送一轮明月给他。"

禅师目送小偷走了以后，回到茅屋赤身打坐，他看着窗外的明月，进入空境。

第二天，他睁开眼睛，看到他昨晚披在小偷身上的外衣被整齐地叠好，放在门口。禅师非常高兴，喃喃地说："我终于送了他一轮明月！"

面对偷窃的盗贼，禅师既没有责骂，也没有告官，而是以慈悲的心怀给予小偷谅解，并以这份苦心换得了小偷的醒悟。

禅师送了小偷一轮明月，而这轮明月照亮了小偷的心房。

第十七章　足履实地，才可步步踏着

人生没有捷径可循，唯有一步一步走，才能抵达终点。着眼于当下，脚踩着实地，在浮躁的世界里才能走得稳妥。圣严法师说，昨天已然过去，明天不可掌控，唯有向当下臣服，才能获得真正的力量，开启智慧的法门。

活在当下

圣严法语

圣严法师提倡“现在主义”。时间的过去、现在和未来是互相交织不可分割的，所以说过去就是未来，未来也就是过去，现在就是过去以及未来。

但是我们很容易发现，在现实世界中，时间自然而然的流逝总让我们忽视了对生命的思索。不要被时间蒙骗，以为过去的已经过去，未来的一定会来，现在的永远不变。在时间的脉络中，我们唯一能够把握的就是现在，所以，不要牵挂过去，不要担心未来，踏实于现在，便能与过去和未来同在。

禅林雅苑

有人请教大龙禅师：“有形的东西一定会消失，世上有永恒不变的真理吗?”

大龙禅师回答：“山花开似锦，涧水湛如蓝。”

如锦缎般盛开的鲜花，虽然转眼便会凋谢，但依然不停地奔放绽开；碧玉般的溪水，虽然映照着同样蔚蓝如洗的天空，却每时每秒都在发生变化。

世界是美丽的，但似乎所有的美丽都会转瞬而逝。生命的意义在于过程，抓住瞬间消失的美丽，就是一种收获。时间像是一支弦上的箭，它是单向的，不能回头，所以我们要把握住现在、今朝，认真活在当下的每一分钟。

从前，有个小和尚每天早上负责清扫寺庙院子里的落叶。

清晨起床扫落叶实在是一件苦差事，尤其在秋冬之际，每一次起风时，树叶总随风飞舞落下。

每天早上都需要花费许多时间才能清扫完树叶，这让小和尚头痛不已。他一直想要找个好办法让自己轻松些。

后来有个和尚跟他说："你在明天打扫之前先用力摇树，把落叶统统摇下来，后天就可以不用扫落叶了。"

小和尚觉得这是个好办法，于是隔天他起了个大早，使劲地摇树，这样他觉得就可以把今天跟明天的落叶一次扫干净了。一整天小和尚都非常开心。

第二天，小和尚到院子里一看，不禁傻眼了：院子里如往日一样落叶满地。

这时老和尚走了过来，对小和尚说："傻孩子，无论你今天怎么用力，明天的落叶还是会飘下来。"

小和尚终于明白了，世上有很多事是无法提前的，唯有认真地活在当下，才是最明智的人生态度。

明天的落叶，怎么能在今天全部清扫干净呢？再勤奋的人也不能在今天处理完明天的事情，所以，不要预支明天的烦恼，认真地活在今天比什么都重要！

活在当下的人，应该放下过去的烦恼，舍弃未来的忧思，顺其自然，把全部的精力用来承担眼前的这一刻，因为失去此刻便没有下一刻，不能珍惜今生也就无法向往未来。

有人问一位禅师：什么是活在当下？

禅师回答他，吃饭就是吃饭，睡觉就是睡觉，这就叫活在当下。的确，最重要的事情就是我们现在做的事情，最重要的人就是现在和我们一起做事情的人，最重要的时间就是现在。

老禅师带着两个徒弟，提着一盏灯笼行走在夜色中，一阵风吹来，灯笼被吹灭了。

徒弟问："师父，怎么办?"

师父回答说："看脚下!"

当一切变成黑暗，后面的来路，与前面的去路，都看不见，如同前世与来生，都摸不着。我们要做的是什么？唯有看脚下，看今生!

忘记无始无终的时空观念，对现有的生命悠然而受之，天冷了就添衣，天热了就脱衣，受而喜之，才能顺其自然。我们能够并且必须去把握的，唯有当下而已。

人生没有时间老

圣严法语

人生如白驹过隙，转瞬即逝。如何在这有限的时间里获得最大的幸福?

圣严法师教诲：“人的时间有限，然而才能无限。不要把时间浪费在无谓的嗟叹上，认识自己，安于自己所走的路，珍惜时间，把每一秒都做最有效的运用。”

若能如此，即使年老体迈，也依然能够保持年轻的激情与活力。

禅林雅苑

世间最可怕的衰老是心态的衰老，如果你有一个年轻的体魄，却有一颗衰老的心，那会比你有一个衰老的身体还要可悲。没有什么可以阻挡你前进的脚步，擦亮眼睛，轻装前行，每一天我们都能够看到路边不同的风景，呼吸到清新的空气。

生活中有很多的事情需要我们去一一打理，与其把时间浪费在长吁短叹上，不如细致地经营生命中的每一块园地，在生命的终点翘首回望，你会看到一路芬芳。

时刻保持年轻的心态，即使冬天万木凋零，也依然能够看到满眼的青翠，生命之树常青。

佛光禅师门下弟子大智，出外参学二十年后归来，正在法堂里向佛光禅师述说此次在外参学的种种见闻。佛光禅师以慰勉的笑容倾听着，最后大智问道："老师！这二十年来，您老一个人还好吗？"

"好！很好！讲学、说法、著作、写经，每天在法海里泛游，世上没有比这更欣悦的生活，每天，我忙得好快乐。"

大智关心地说："老师，你应该多一些时间休息！"

夜深了，佛光禅师对大智说道："你休息吧！有话我们以后慢慢谈。"

清晨，还在睡梦中，大智隐隐听到佛光禅师的禅房传出阵阵诵经的木鱼声。

白天，佛光禅师总不厌其烦地对一批批前来礼佛的信众开示，讲说佛法；夜晚禅师不是批阅学僧心得报告，便是拟定信徒的教材，每天总有忙不完的事。

好不容易看到佛光禅师刚与信徒谈话告一段落，大智争取这一空当，抢着问佛光禅师道："老师！分别这二十年来，您每天的生活仍然这么忙着，怎么都不觉得您老了呢？"

佛光禅师道："我没有时间老呀！"

"没有时间老"，正如一句哲语所说：越是忙碌的人，时间就越多；也像孔子所言："其为人也，发愤忘食，乐以忘忧，不知老之将至。"禅者的人生观，也是如此。佛光禅师就是这样一位领悟了禅宗真谛的圣人，他将诵经礼佛、弘法传道当做是自己生命中必须承担的责任，并默默地将这份重担挑在肩头，不以为苦，反以为乐。

当你将全部的生命与精力投入到有意义的生活中时，哪里还有时间去关注自己鬓角催生的白发、额上乍现的皱纹呢？

人活在世上，往往有两种状态，一种是常常觉得时间紧迫，光阴像细沙一样从指缝间滑落，越是急切地想要将它抓住，它流逝得越快；另一种是看破了生命的无常后归于淡定与从容，美与丑、乐与忧于他们而言都是弹碰即破的气泡，并不能对生活造成什么实质的影响，云烟过眼，他们却往往能够明白生命的真谛。

生活如此美好，睿智的人从来不会慨叹。我们随着快速流逝的生命朝前奔跑，不必担心衰老。没有时间老，每一秒钟都可能创造一个奇迹，每一天都会是一个崭新的开始。所以，不必伤春悲秋，把握住时间，就能把握住生命。

以必死之心好好活着

圣严法语

古人说，“一寸光阴一寸金，寸金难买寸光阴”。生命也诚如这难买的光阴，一旦逝去，便无法挽回。

“是日已过，命则随减；如少水鱼，斯有何乐?”世事无常，生命的消逝似乎总让人充满了消极悲观的情绪，但圣严法师告诉我们，那些生活在浅水中的鱼，即使水越来越少，它们也快乐，因为，鱼和水每一次相逢，都是得其所哉，死在眼前，也可以活得快乐。

禅林雅苑

不如意事常八九，可与人言无二三，人生总是如此。世事没有一帆风顺的，但人仍然要在这不如意中度过人生的几十个寒暑。人与人生命的长度大致相同，但宽度却大相径庭：撑着不死，还是好好活着，表面看来没什么区别，其实实质大不一样。

大热天，禅院里的花被晒萎了。

“天哪，快浇点水吧!”小和尚喊着，接着去提了桶水来。

“别急!”老和尚说，“现在太阳晒得很，一冷一热，非死不可，等晚一点再浇。”

傍晚，那盆花已经成了“霉干菜”的样子。

“不早浇……”小和尚见状，抱怨道，“一定已经干死了，怎么浇也活不了了。”

“浇吧！”老和尚指示。

水浇下去，没多久，已经垂下去的花，居然全站了起来，而且生机盎然。

“天哪！”小和尚喊，“它们可真厉害，憋在那儿，撑着不死。”

老和尚纠正：“不是撑着不死，是好好活着。”

“这有什么不同呢？”小和尚低着头，十分不解。

“当然不同。”老和尚拍拍小和尚，“我问你，我今年八十多了，我是撑着不死，还是好好活着？”

小和尚低下头沉思起来。

晚课完了，老和尚把小和尚叫到面前问：“怎么样？想通了吗？”

“没有。”小和尚还低着头。

老和尚严肃地说：“一天到晚怕死的人，是撑着不死；每天都向前看的人，是好好活着。得一天寿命，就要好好过一天。那些活着的时候天天为了怕死而拜佛烧香，希望死后能成佛的人，绝对成不了佛。”

说到此，老和尚笑笑：“他今生能好好过，却没好好过，老天何必给他死后更好的生活？”

对于禅院里的花来说，“和尚没浇水”虽然很不如意，但那是和尚的事，“好好生长”才是它自己的事，这盆向前看的花，得一天寿命，便好好过一天，真正理解了生命的意义。

哀莫大于心死，撑着活其实就是已经心死。既然生活在这个世界上时都没有领悟何为真生命，那还能指望他在死后获得全新的生命吗？

好好活与撑着活是对同一种处境的不同选择，因为我们的生命必然终结，所以我们应该揣着一颗必死之心，能够直面生死才不会在逆境面前瞬间崩溃。好好活是一种积极的心态，追求一天比一天精彩的生活，只要眼睛还有光泽，心灵就永远不会荒芜。

当我们感觉到生活的枯燥或者痛苦时，并不是因为山河不够壮丽，也不是因为世界不够美丽，更不是人生不够绚丽，只是我们的心灵被束缚得不自由了。

好好活着，因为在死亡面前，我们别无选择。

一日不作，一日不食

圣严法语

“昨天付出是昨天的事，如果今天尚未付出，就不要期待收获。”对百丈怀海禅师“一日不作，一日不食”的禅门家风，圣严法师极为赞同。

很多禅修者，秉承着这一古训，过着清苦的生活，承受紧张的劳动，平淡、辛勤而又虔诚地生活着。

禅林雅苑

“深泥田里好相聚，拽耙鞭牛真快活。”这是源自《田歌》中的一句，描写了江西真如禅寺中僧侣的农禅生活。从唐代以来，众多僧人继承了“师凡作务，执劳必先与众”的禅风，在每日的劳作中寻求着充实与安宁。

百丈怀海禅师倡导“一日不作，一日不食”的农禅生活，曾经也遇到过许多困难。因为佛教一向以戒为规范生活，而百丈怀海禅师改进制度，以农禅为生活，甚至有人批评他为外道。

百丈怀海禅师每日除了领众修行外，必亲执劳役，勤苦工作，对生活中的自食其力，极其认真，对于平常的琐碎事务，尤不肯假手他人。

渐渐地，百丈怀海禅师年纪大了，但他每日仍随众上山担柴、下田种地。因为农禅生活，就是自耕自食的生活。弟子们毕竟不忍心让年迈的师父做这种粗重的工作，因此，大家恳请他不要随众劳动，但百丈怀海禅师仍以坚决的口吻说道："我无德劳人，人生在世，若不亲自劳动，岂不成废人？"

弟子们阻止不了禅师工作，只好将禅师所用的扁担、锄头等工具藏起来，不让他做工。

百丈怀海禅师无奈，只好用不吃饭的绝食行为抗议，弟子们焦急地问他为何不饮不食。

百丈怀海禅师道："既然没有工作，哪能吃饭？"

弟子们没办法，只好将工具又还给他，让他随众生活。

戒律是禅，劳动是禅，生活亦是禅。百丈怀海禅师正是明白了这一点，才会坚持"一日不作，一日不食"，以求在劳动之中磨炼自己的心性，度化自身。

在时光的洪流中，唯有充实地度过每一天，才能得到真正的解脱。

有位和尚问文益禅师："您在一整天的生活中是如何修行的呢？"

文益禅师回答说："步步踏着。"

"步步踏着"，这四个平实而淡然的字，在圣严法师眼中却有着重大的意义：人走路时都是一步一步向前走的，只有脚下踩得很实在，心无二念，才是最好的修行。人生中的每一件事，又何尝不是如此？

生命只在一呼一吸间，每一个"现在"都是生命中最重要的时光，都需要用心体会。春风秋雨，花开花落，人们总是对不经意间消逝的美丽扼腕叹息，却不愿意为身边的美驻足赞美，待其逝去，方才翻然悔悟。这种人生是多么悲哀啊！

印度大诗人泰戈尔说："如果你因错过了太阳而流泪，那么你也将错过群星。"所以，我们要使生命中的每分每秒都有所作为，每一步都留下坚实的脚印。

第十八章 乱花入眼，心净则无物

行走于世间，犹如在飞花落叶中行走，世间的纷扰犹如花叶的旋舞。心净之人，不观花叶，反而能见到树木深埋于泥土中的根本，在飞花落叶之中不沉不没，在肉身坏灭的进程中不动不摇。

万花丛中过，片叶不沾身

圣严法语

圣严法师认为，禅的智慧，是要运用到现实生活中的，而不光是在打坐的时候才用到禅。所以，滚滚红尘中，也可以修成正果，得到至上的正道。

如法师所言，真正得悟之人，在纷乱尘世中，也能如风一般自由来去，如“孤云出岫，去留一无所系；朗镜悬空，静躁两不相干”。

禅林雅苑

圣严法师曾说：“云从水出，水化为云，水性向下流是人人皆晓的常识，水无往上升，也是童叟皆知的常识。升降之间，谁在做主呢?”

云水的升降，自然做主，而人的人生，可以自由决定。那么出世和入世，到底怎样才能够更好地修行呢？有人认为只有完全脱离了现代生活的凡尘俗世，才能真正参禅修行，其实不然。参禅打坐首在修“心”，不离入世，不废出世，出世与入世非但没有绝对的界限，而且是相辅相成的，须臾不可分离。

倘若一个人入世太深，久而久之，必将陷于生活的烦琐和苦恼之中，在现实生活中的恩怨、情欲、得失、利害、关系、成败、对错里纠缠辗转，难以超脱出来；反之，若是只一味地出世，一味地冷眼旁观，一味地自恃清高，一味地不食人间烟火，而不去做一点入世的、利于社会的事情，到头来也只能是“等闲白了少年头”，这样的出世又有何意义呢？因此，用出世的态度或精神，来做入世的事业，立足于尘世，却心怀着出世的人生追求，同样也能很好地修行。

无相禅师行脚时，因口渴而四处寻找水源。这时，他看到有一个青年在池塘里打水车，无相禅师就向青年要了一杯水喝。

青年以一种羡慕的口吻说道：“禅师！如果有一天我看破红尘，我肯定会跟您一样出家。不过，我出家后不会像您那样到处行脚、居无定所，我会找一个隐居的地方，好好参禅打坐，不再抛头露面。”

无相禅师含笑问道：“那你什么时候会看破红尘呢？”

青年答道：“我们这一带就数我最了解水车的性质了，全村的人都以此为主要水源，如果有人能接替我照顾水车，让我无牵无挂，我就可以出家，走自己的路了。”

无相禅师问道：“最了解水车的人，我问你，水车全部浸在水里，或完全离开水面会怎样呢？”

青年答道：“水车是靠下半部置于水中，上半部逆流而转的原理来工作的，如果把水车全部浸在水里，水车不但无法转动，甚至会被急流冲走；同样地，水车若完全离开水面也不能车上水来。”

无相禅师说道：“车与水流的关系不正说明了个人与世间的关系？如果一个人完全入世，纵身江湖，难保不会被五欲红尘的潮流冲走；倘若全然出世，自命清高，不与世间来往，则人生必是漂浮无根。同样，一个修道的人，要出入得宜，既不袖手旁观，也不投身粉碎。”

入世与出世不是截然分开的，出世是为了更好地入世。大乘佛法讲求入世，通过入世修行，教化大众以求正果。修学佛法也并不一定要离尘出家，在家之人同样可以用佛法来指导人生，利益世间。正所谓“众生无边誓愿度，烦恼无尽誓愿断，法门无量誓愿学，佛道无上誓愿成”，凡有志于修学佛法者，皆需发大菩提心，立此四宏愿，自励精进，无量世中，怀此宏大心愿，永不退失，红尘也好，隐世也罢，只要是济世利人之事，都可摄入佛道之中。正如圣严法师所言：“行云流水，泽被群生，无住无著，无我无人，但确又是适如其时、适如其处、适如其分地或降为水，或升为云；只要众生得益，管他是水是云。”

事在人为，禅在人心。只要有一颗不断追求禅理的心，在哪里修行并不是一个十分重要的问题。重要的是，如果人人都能够有仁心、做仁事。那么，入世则能仁慈仁孝，出世则能够仁爱仁德，就像圣严法师说的那样：“山高水自流，不为什么；无心云出岫，如来如去。”因缘如此，自然如此。这不正是诸佛菩萨的化世功德吗？

坐观日落的美丽

圣严法语

世人皆喜日出，因为日出昭示着希望，世人喜生生不易，而不知生灭不已；圣严法师则喜日落，因为观日落可以得定，可以发慧。落日柔和清凉有慈悲相，并可提醒是日已过的无常无我。

其实日出也是无常，落日却是永恒，即生必然走向灭的归宿，能洞察生灭现象者，才是智慧人。日出固然美丽，但其中也饱含着未脱无常的凄美。

禅林雅苑

药山禅师在庭院中打坐，身边有云岩和道吾两名弟子相伴。禅师坐禅之后，看两名弟子仍然若有所思，便指着院中的两棵老树问道："你们看这两棵老树，已经在寺中经历了上百个年头，如今，这两棵树一枯一荣，你们说，是枯的好，还是荣的好呢？"

道吾回答道："荣的好。"

云岩答道："枯的好！"

药山禅师看着他们，并未讲话，恰逢一位侍者从旁边路过，于是药山禅师便将他喊了过来，问他道："你看院中的这两棵树，是枯的好呢？还是荣的好？"

侍者回答道："枯者由他枯，荣者任他荣。"

药山禅师面露微笑，赞许地朝侍者点了点头。

同一个问题有三种不同的答案，“荣的好”，这表示一个人的性格热忱进取；“枯的好”这表示清净淡泊；“枯者由他枯，荣者任他荣”，这是顺应自然，各有因缘。所以有诗曰：“云岩寂寂无窠臼，灿烂宗风是道吾；深信高禅知此意，闲行闲坐任荣枯。”

花草树木的枯荣与太阳的东升西落，都像昼夜的交替、四季的转换一样，是自然界里极其平常的事情，而一旦与人的个人际遇联系，便会生发出无限感慨，大多数人都会因为美好事物的逝去而感伤慨叹，但实际上大可不必如此。

枯有枯的道理，荣有荣的理由，本无好坏之分，荣枯都好，不好只是个人根据主观感受作出的评判而已。事无好坏，唯人拣择，就像是红尘中的我们，每一天的起卧作息皆顺其自然，饥来张口困来眠，看似平常，却正是无限风光！

有一位老师带学生们登山赏雪，雪在山崖树影中交织成一幅美丽无比的画卷，所有的人都被造物的神奇所震慑。

老师站在一棵树下，恰好一滴融化的雪水滴在了他的头上，于是他向学生们提了个问题：“同学们，雪融化之后，会变成什么呢？”

学生们异口同声地回答：“水！”

老师非常欣慰，对同学们做了一个赞赏的手势。

这时，一个老和尚从旁边经过，他抬头看了看满山的雪色，若有所思地说：“雪融化了，难道不是春天吗？”

雪化之后，变成了“春天”，一则生活中随心而至的常识，却绽放出了童话般的美丽。冬天过去，春天将至，日落之后，还有日出，我们又何必自讨纷扰？

日出有日出的精彩，日落有日落的美丽，性格热忱进取者与清净淡泊者都能找到自己的乐趣，却也都有自己的烦恼，热忱的人有时候会疲于世俗生活中的喧嚣与众多不必要的纷扰，而寡淡者也难免会觉得寂寞无聊。

只有真正做到“枯者由他枯，荣者任他荣”的人才能够宠辱不惊，笑看花开花落，静观云卷云舒。

怀有成为珍珠的信念

圣严法语

并不是每一个贝壳都可以孕育出珍珠，也不是每一粒种子都可以萌生出幼芽，流水也会干涸，高山也可崩塌，而自信的人，却可以在纷乱红尘中自由驰骋，游刃有余。

圣严法师说，凡是自信的人都具有独立思考的能力以及忍辱负重的耐力，以智慧判断出自己所需要的东西，树立正确的理想并且为之奋斗。人的一生，只有为自己作出了准确定位，放稳了自己的脚步，才能做到有目的而不盲从，遇挫折而不退缩，才能活出生命的意义。

禅林雅苑

沙粒之所以能成为珍珠，只是因为它有成为珍珠的信念。芸芸众生都只是一粒粒平凡的沙子，但只要怀有成为珍珠的信念，就能长成一颗颗珍珠。

很久很久以前，有一个养蚌人，他想培养一颗世上最大最美的珍珠。

他去海边沙滩上挑选沙粒，并且一颗一颗地问那些沙粒，愿不愿意变成珍珠。那些沙粒一颗一颗都摇头说不愿意。养蚌人从清晨问到黄昏，他都快要绝望了。

就在这时，有一颗沙粒答应了他。

旁边的沙粒都嘲笑起那颗沙粒，说它太傻，去蚌壳里住，远离亲人、朋友，见不到阳光、雨露、明月、清风，甚至还缺少空气，只能与黑暗、潮湿、寒冷、孤寂为伍，不值得。

可那颗沙粒还是无怨无悔地随着养蚌人去了。

斗转星移，许多年过去了，那颗沙粒已长成了一颗晶莹剔透、价值连城的珍珠，而曾经嘲笑它傻的那些伙伴们，依然只是一堆沙粒，有的已风化成土。

也许你只是众多沙粒中最最平凡的一颗，但只要你有要成为珍珠的信念，并且忍耐着、坚持着，当走过黑暗与苦难的长长隧道时，你就会惊讶地发现，在不知不觉中，你已长成了一颗珍珠。每颗珍珠都是由沙子磨砺出来的，能够成为珍珠的沙粒都有着成为珍珠的坚定信念，并为之无怨无悔地付出。

很多人都曾有过怀才不遇的感觉，自认为自己的才华未得到别人的认可，能力无处施展，这时候，不妨反观自身，以弥补自己的缺陷，使自己的满腔热情与自信在沉淀之后变得更加坚韧。

其实，人最佳的心态莫过于能屈能伸，既要有成为珍珠的信念，也要在信念的实现过程中承受必要的压力，甚至屈辱。月船禅师就是一位“为了理想把侮辱当饭吃”的人。

月船禅师不仅是一位有名的禅师，而且是一位绘画高手。他的画气势磅礴，贵得出奇，并且他还有一个习惯，就是要先收钱再作画。

有一天，一位女子请月船禅师作画，月船禅师问：“你能付多少酬劳?”女子回答：“你要多少就付多少，条件是你要在我家当众作画。”

月船禅师答应跟着前去，原来那女子家中正在宴请宾客。月船禅师当众作画之后，拿了酬劳正想离开。那女子却对客人说道：“这位画家只知道要钱，这画画得虽好，其中却透着金钱的污秽，这种画是不值得挂在客厅里的，它只能用来装饰我的一条裙子。”说着便将自己的一条裙子脱下，当众要月船禅师在上面作画。

月船禅师不动声色地问道："你出多少钱?"女子答道："随便你要。"月船禅师又要了一个高价，然后平心静气地在那女子裙子上作起画来，作完之后又若无其事地离开。

别人听说此事后非常纳闷，月船禅师衣食无忧，为什么如此看重金钱？只要给钱，好像受任何侮辱都无所谓，真是不可思议。原来，月船禅师禅居之地常发生灾荒，而富人不肯出钱赈灾，因此他准备建造一座粮仓，以备不时之需。

同时，月船禅师之所以这样，也是想完成师父的遗愿——建造一座寺院，但他又不愿一味等待他人的布施，只好以作画筹集资金。此愿望完成之后，他便退隐山林，不再作画。

故事中的月船禅师，明确地知道自己是为什么而作画，知道自己的行为对别人的意义，因而，即使那位请他作画的女子当众侮辱他，他也依然不为所动，只是坚持着自己的理想。也许这是因为月船禅师的修养极好，有涵养的他能够容忍他人对自己的侮辱；也许是因为他认为自己的行为有意义，因而不在意别人的侮辱，一心一意只为了实现理想。

我们常常将理想比做大海上的灯塔，即使海面波浪翻滚，狂风暴雨，它依然能够为船只照亮前行的方向。在圣严法师心中，修行之人，无论走到哪里，无论身处何境，都能感受到佛光的普照与感召。

一无所有也便一无所失

圣严法语

《华严经》中有偈曰："众生心不同，随起诸妄想；如是诸佛刹，一切皆如化。"圣严法师这样解释：众生的信念彼此不同，由心生起的妄念也各形各色，因此在十方净土之内，也是如幻如化的诸般泡影。

我们自认为行走于世上时，自己拥有了很多，实际上却时有时无，若拥有成了负担，还不如舍弃。

禅林雅苑

宋代词人辛弃疾有一句名言：物无美恶，过则为灾。想拥有，是因为占有欲在作怪，如果舍得放弃，就不会再生痛苦。生活就是如此，有的时候，痛苦和烦恼不是由于得到太少，反而是因为拥有太多。拥有太多，就会感到沉重、拥挤、膨胀、烦恼，害怕失去。

拥有是一种简单原始的快乐，拥有太多，就会失去最初的欢喜，变得越来越不如意。

有一位贫穷的人向禅师哭诉："禅师，我生活得并不如意，房子太小、孩子太多、太太性格暴躁。您说我应该怎么办！"

禅师想了想，问他："你们家有牛吗？"

“有。”穷人点了点头。

“那你就把牛赶进屋子里来饲养吧。”

一个星期后，穷人又来找禅师诉说自己的不幸。

禅师问他：“你们家有羊吗?”

穷人说：“有。”

“那你就把它放到屋子里饲养吧。”

过了几天，穷人又来诉苦。禅师问他：“你们家有鸡吗?”

“有啊，并且有很多只呢。”穷人骄傲地说。

“那你就把它们都带进屋子里吧。”

从此以后，穷人的屋子里便有了七八个孩子的哭声、太太的呵斥声、一头牛、两只羊、十多只鸡。三天后，穷人受不了了！他再度找到禅师，请他帮忙。

“把牛、羊、鸡全都赶到外面去吧!”禅师说。

第二天，穷人来看禅师，兴奋地说：“太好了，我家变得又宽又大，还很安静呢!”

有时候压力是自己施加给自己的，就像这个穷人，要的太多，想掌控的太多，而又无力承担，拥有就会成为负担。将心放宽，将压力释放出去，自然会得到心内外的宽敞。

人生有得就有失，得就是失，失就是得。所以，人生最高的境界，应该是无得无失。但是人们都是患得患失，未得患得，既得患失。明智的做法是学会放弃。放弃是一种境界，大弃大得，小弃小得，不弃不得。

人生在世，有许多东西是需要不断放弃的。在仕途中，放弃对权力的追逐，随遇而安，得到的是宁静与淡泊；在淘金的过程中，放弃对金钱无止境的掠夺，得到的是安心和快乐；在春风得意、身边美女如云时，放弃对美色的占有，得到的是家庭的温馨和美满。

我们每个人都应谨记，人不可能什么都得到，所以应该学会放弃。生活有时会逼迫你，不得不交出权力，不得不放走机遇，甚至不得不抛弃爱情。

能够做到坦然放手，一无所有之时心态自然能够得到调和，已经一无所有，又何必担心会失去呢？丢掉过于沉重的包袱，不害怕失去，即使在喧嚣的都市中，我们也能获得一份心灵的宁静，在那里，看生命在谷底与波峰之间起伏，看心情在阴霾与晴朗之间兜转，感受春日暖阳，也体验冬季严寒。这一切，无不精彩，无不丰富。

第十九章　弯腰而行，渐入禅门

人生之理如同在山间负重前行，唯有弯腰才能稳步，唯有起伏才见路途。学会弯腰，难得糊涂，沧桑岁月中才可自主沉浮。

难得糊涂去机心

圣严法语

《华严经》中有偈云：“诸法无自性，一切无能知；若能如是解，是则无所解。”圣严法师解释说：“世间一切现象没有固定不变永恒的本质，也没有一定不变永恒的真理。”

人们正是因为很难认识到这一点，或者即使认识了也很难从心底接受，以至于总是执著于自己的一腔信念，却不知这个想法已经错了。这种自以为是的聪明，反而会成为算不清的糊涂账，莫不如去除杂质，于单纯中得正道。

禅林雅苑

聪明是一种先天的东西，人们总是羡慕聪明人的智商，殊不知这种表面的光芒不一定能令聪明人成功，在现实中也确实存在着众多一事无成的聪明人。聪明这种天赋犹如水一样，可以载舟，也可以覆舟。

苏东坡在其《洗儿》一诗中这样写道：“人皆养子望聪明，我被聪明误一生。唯愿孩儿愚且鲁，无灾无难到公卿。”苏东坡对于自己一生因聪明而受的苦真是刻骨铭心，以至于希望自己的儿子愚蠢一点，从而躲避各种灾难。聪明本是天生禀赋，但机关算尽却是人的痛苦之源，这正是聪明人苏学士对后来人的忠告。

才智也有困窘的时候，神灵也有考虑不到的地方。正所谓难得糊涂：聪明难，糊涂难，由聪明而转入糊涂更难。摒弃小聪明方才显示大智慧，除去矫饰的善行方能使自己真正回到自然的善性。机关算尽太聪明，结果未必好。

孔子的徒弟子贡从南方的楚国返回晋国，经过汉水南岸时，看见一位老人在菜园中劳动。这位老人凿通一条地道到井边，抱着瓮装水过来灌溉，费了很大的劲，效果却很差。

子贡说："现在有一种机械，每天可以浇灌一百块菜园，用力很小而效果很好，老人家不想要吗?"

种菜老人抬起头来看着子贡说："怎么做呢?"

子贡说："削凿木头做成机器，后面重前面轻，提水就像抽引一样，快得像沸水流溢。这种机械叫做槔。"

种菜老人面带怒容，讥笑子贡说："我听我的老师说：'使用机械的人，一定会进行机巧之事；进行机巧之事的人，一定会生出机巧之心。机巧之心存于心中，就无法保持纯净状态；无法保持纯净状态，心神就会不安宁；心神不安宁，是无法体验大道的。'所以，我不是不懂得使用机械，而是因为觉得羞愧才不用的。"

子贡满脸羞愧，低着头不说话。

这个寓言意在告诉我们，一个人若在机巧之路上迷途不返，就只会越走越远，就像一个追赶自己影子的人那样，自己跑得越快，影子也跑得越快，永远没有追到的一天。因此，一个人若想拥有幸福、快乐的人生，必须去除机巧之心，用"难得糊涂"的心态和真正的大智慧去面对生活中的点滴。

众所周知，在音乐的世界中，技巧很重要，但并不是最重要的，过多的花哨技巧只会减弱情感的表达。人生也是如此，人人都玩弄聪明才智，只会让世界繁杂凌乱。只有绝圣弃智，才能朴实安然地生活。

一个皇帝想要整修京城里的一座寺庙，他派人去找技艺高超的设计师，希望能够将寺庙整修得美丽而又庄严。后来有两组人员被找来了，其中一组是京城里很有名的工匠与画师，另外一组是几个和尚。皇帝不知道到底哪一组人员的手艺比较好，就决定比较一下。皇帝要求这两组人员各自去整修一座小寺庙，而这两个组面对面整修。三天之后，皇帝要来验收。

工匠们向皇帝要了一百多种颜色的漆料，又要了很多工具；和尚们居然只要了一些抹布与水桶等简单的清洁用具。三天之后，皇帝前来验收。他首先看了工匠们所装饰的寺庙，工匠们敲锣打鼓地庆祝工程的完成，他们用了非常多的颜料，以非常精巧的手艺把寺庙装饰得五颜六色。

皇帝满意地点点头，接着回过头来看看和尚们负责整修的寺庙。他一看就愣住了，和尚们所整修的寺庙没有涂上任何颜料，他们只是把所有的墙壁、桌椅、窗户等都擦拭得非常干净，寺庙中所有的物品都显出了它们原来的颜色，而它们光亮的表面就像镜子一般，反射出从外面而来的色彩。天边多变的云彩、随风摇曳的树影，甚至是对面五颜六色的寺庙，都变成了这个寺庙美丽色彩的一部分，而这座寺庙只是宁静地接受这一切。皇帝被这庄严的寺庙深深地感动了。

李白诗云：清水出芙蓉，天然去雕饰。如果一个人去除了机心，还生活本来面目，不刻意追求什么，他就能像李白诗中那朵出水的芙蓉一样，美丽、洁白而无瑕。

我们存在于这个世界上，虽然由于各种各样的因素，不能完全去除机心，但也要尽量减少机心。去除了机心，人就能保持内心的宁静，就能显现出天真烂漫的情怀来。

上天暗笑我辈痴

圣严法语

世间好比火焰，众生的妄想颠倒，便像飞蛾扑火，不能自知，便不能于火海中觅得出路。圣严法师在解释“世间犹如焰，妄想取世间；能断世间想，则离三秒钟”这一偈语时说，那些扑火的飞蛾，就像是世间的痴人，不能正确地判断并评价自己，以至于把那烈火当成了光明的乐园。

禅林雅苑

佛经中常说：“上天有好生之德。”但是倘若上天真的听到凡人口中的这句话，恐怕只会暗笑我辈的痴傻，正所谓“人类一思考，上帝就发笑”。

人类自认为是万物灵长，最受天地的眷顾，其实未必如此。天地并不一定厚待人类而轻薄万物，只是人类自以为是，然而，人真的如自己想象般睿智吗？

读佛经时，一名弟子问佛祖：“您所说的极乐世界，我看不见，怎么能够相信呢？”

佛祖把弟子带进一间漆黑的屋子，告诉他：“墙角有一把锤子。”

弟子不管是瞪大眼睛，还是眯成小眼，仍然伸手不见五指，只好说看不见。

佛祖点燃了一支蜡烛，弟子在墙角果然发现一把锤子。佛祖说："你看不见的，就不存在吗？"

看不见的难道就不存在吗？当然不是。自以为洞悉了天地万物的人往往看不到脚下的一把锤子，这难道还不是痴人吗？天地无心而平等生发万物，万物亦无法自主而还归于天地。万物生灵，平等地生发于世间，人类又岂能总是自居主导？

天地、自然、因果才是主持世间公道的天平，荣的任其荣，枯的任其枯，不偏不倚，无悲无喜。而那些不能洞悉此理的人，往往会在开悟的路上越走越偏。

慧能禅师见弟子整日打坐，便问道："你为什么终日打坐呢？"

"我参禅啊！"

"参禅与打坐完全不是一回事。"

"可是你不是经常教导我们要安住容易迷失的心，清净地观察一切，终日坐禅不可躺卧吗？"

禅师说："终日打坐，这不是禅，而是在折磨自己的身体。"弟子迷茫了。

慧能禅师紧接着说道："禅定，不是整个人像木头、石头一样死坐着，而是一种身心极度宁静、清明的状态。离开外界一切物相，是禅；内心安宁不散乱，是定。如果执著人间的物相，内心即散乱；如果离开一切物相的诱惑及困扰，心灵就不会散乱了。我们的心灵本来很清净安定，只因为被外界物相迷惑困扰，如同明镜蒙尘，就活得愚昧迷失了。"

弟子躬身问："那么，怎样才不会愚昧呢？"

慧能说道："思量人间的善事，心就是天堂；思量人间的邪恶，就化为地狱。心生毒害，人就沦为畜生；心生慈悲，处处都是菩萨；心生智慧，无处不是乐土；心里愚痴，处处都是苦海了。在普通人看来，清明和痴迷是完全对立的，但真正的人知道它们都是人的意识，没有太大的差别。人世间的万物皆是虚幻的，都是一样的。生命的本源也就是生命的终点，结束就是开始。财富、成就、名位和功勋对于生命来说只不过是灰尘与飞烟。心乱只是因为身在尘世，心静只是因为身在禅中，没有中断就没有连续，没有来也就没有去。”

真正悟道的圣人，心如天地，一切的所作所为，只要认为理所当为、义所当为，便自然而然地去做，而且所做的往往也正是世人所需要的。

世间因缘，平等齐观，无偏无私，人们切不可以自我内心的一己之见而自认为洞悉一切乃至于想主导天地，倘若天地有知，定会大笑我辈痴儿痴女的痴言痴语。

大智若愚，大巧若拙

圣严法语

禅宗中有这样一句话："晦而弥明，隐而愈显。"圣严法师说，心境在黑暗的现实中，反而会更加明朗，越是不动声色地隐藏自己的智慧，智慧的光芒越是会普照四方。

外表糊里糊涂的人可能才是深藏不露、大智若愚的智者；看似手脚笨拙的匠人也许才是心灵慧明的能工巧匠。默时有似痴呆，所以如晦如隐；照时智慧灵然，所以如明如显。

禅林雅苑

子曰："宁武子，邦有道则知，邦无道则愚。其知可及也，其愚不可及也。"意思是说，宁武子在国家政治清明的时候表现得非常机智，在国家政治混乱、黑暗的时候就表现出很愚蠢的样子。他的聪明智慧我们也许能达到，但是他的"糊涂"我们怎么也赶不上啊。

所谓糊涂，就是不用想太多，不用想后果，纠缠于思考是人生的负担和枷锁。看重的不是结果，而是过程。糊涂的人往往更快乐，幸福会追着他们走，他们不必费尽心机争取，可以随意享受阳光的热情。太过理性的人则是追着幸福跑，用尽全力也抓不住飘忽不定、转瞬即逝的幸福。

“扬州八怪”之一的郑板桥，最为著名的言论莫过于“难得糊涂”。据说，“难得糊涂”四个字是他在山东莱州的云峰山写的。有一年，郑板桥专程到此地观郑文公碑，流连忘返，天黑了，不得已借宿于山间茅屋。屋主为一鹤发老翁，自命“糊涂老人”，言语不俗。他的室中陈列了一块方桌般大小的砚台，石质细腻，镂刻精良，非常罕见。郑板桥对其十分叹赏。老人请郑板桥题字以便刻于砚背。郑板桥认为老人必有来历，便题写了“难得糊涂”四字，用了“康熙秀才雍正举人乾隆进士”的方印。

因砚台尚有许多空白，郑板桥建议老先生写一段跋语。老人便写了“得美石难，得顽石尤难，由美石而转入顽石更难。美于中，顽于外，藏野人之庐，不入宝贵之门也。”他用了一块方印，印上的字是“院试第一，乡试第二，殿试第三”。郑板桥一看大惊，知道老人是一位隐退的官员。有感于糊涂老人的命名，见砚背上还有空隙，便也补写了一段话：“聪明难，糊涂尤难，由聪明而转入糊涂更难。放一著，退一步，当下安心，非图后来报也。”

一段佳话，一段趣谈，也成就了一种智慧——糊涂经。

《菜根谭》说得好：“滋味浓时，减三分让人食；路径窄处，退一步与人行。”做人做事都要留余地，尤其是要给自己留后路，不可把话说死，把事情做绝，更不能把人逼急。立身处世，须圆融之中显厚道，糊涂之中藏精明，敞开心扉后，仍有防暗箭之智勇，进退自如、游刃有余，方能把一切掌控于心。

春秋时期，郑庄公准备伐许。战前，他先在国都组织比赛，挑选先行官。将士们一听露脸立功的机会来了，都跃跃欲试，准备一显身手。

首先进行的是击剑格斗，将士们都使出了浑身解数，争先恐后。经过轮番比试，选出了 6 个人，参加下一轮射箭比赛。在射箭项目上，取胜的 6 名将领各射 3 箭，以射中靶心者为胜。最后颍考叔与公孙子都打了个平手。

可先行官只有一位，所以，他们俩还得进行一次比赛。后来，庄公派人拉出一辆战车来，说：“你们二人站在百步开外，同时来抢这部战车。

谁抢到手，谁就是先行官。”公孙子都轻蔑地看了颍考叔一眼，拔腿就跑，哪知跑了一半时，一不小心，脚下一滑，跌了个跟头。等他爬起来时，颍考叔已抢车在手。公孙子都当然不服气，于是提了长戟来夺车。颍考叔一看，拉起车就飞跑出去，庄公忙派人阻止，并宣布颍考叔为先行官。公孙子都因此对颍考叔怀恨在心。

战争开始了，颍考叔果然不负庄公所望，在进攻许国都城时，手举大旗率先从云梯冲上许都城头。眼看颍考叔就要大功告成，公孙子都记起前事，竟抽出箭来，搭弓向城头上的颍考叔射去，一下子把没有防备的颍考叔射死了。

所谓“花要半开，酒要半醉”，凡是鲜花盛开娇艳的时候，不是立即被人采摘而去，就是衰败的开始。颍考叔正是不知收敛，精明过头，才落得个惨死的下场。

糊涂是大智若愚，是另类的聪明，是岁月在一个人身上沉淀下来的大智慧。难得糊涂，是一种老谋深算的清醒，也是卧薪尝胆的大度，更是一种心中有数的正派。难得糊涂，不是那种与世无争的软弱，而是退一步海阔天空的豁达；不是明哲保身的逃避，而是让三分风平浪静的睿智；不是苟且偷生的迂腐，而是真金不怕火炼的坚贞。

有一种智慧叫弯曲

圣严法语

人生之旅，坎坷多多，难免直面矮檐，遭遇逼仄。圣严法师开示众生，在这种情况下，要学会低头，学会弯腰。

弯曲，是一种人生智慧，在生命不堪重负之时，适时适度地低一下头，弯一下腰，抖落多余的负担，才能够走出屋檐而步入华堂，避开逼仄而迈向辽阔。

禅林雅苑

孟买佛学院是印度最著名的佛学院之一，这所佛学院的特点是建院历史悠久，培养出了许多著名的学者。还有一个特点是其他佛学院所没有的，这是一个极其微小的细节。但是，所有进入过这里的人，当他们再出来的时候，无一例外地承认，正是这个细节使他们顿悟，正是这个细节让他们受益无穷。

这是一个被很多人忽视的细节：孟买佛学院在它正门的一侧，又开了一个小门，这个门非常小，一个成年人要想过去必须弯腰侧身，否则就会碰壁。

其实这就是孟买佛学院给它的学生上的第一堂课。所有新来的人，老师都会引导他到这个小门旁，让他进出一次。很显然，所有的人都是弯腰侧身进出的，尽管有失礼仪和风度，却达到了目的。老师说，大门虽然能够让一个人很体面很有风度地出入。但很多时候，人们要出入的地方，并不是都有方便的大门，或者，即使有大门也不是可以随便出入的。这时，只有学会了弯腰和侧身的人，只有暂时放下面子和虚荣的人，才能够出入。否则，你就只能被挡在院墙之外。

孟买佛学院的老师告诉他们的学生，佛家的哲学就在这个小门里。

其实，人生的哲学何尝不在这个小门里。人生之路，尤其是在通向成功的路上，几乎是没有宽阔的大门的，所有的门都需要弯腰侧身才可以进去。因此，在必要时，我们要能够学会弯曲，弯下自己的腰，才可得到生活的通行证。

人生之路不可能一帆风顺，必然会有风起浪涌的时候，如果迎面与之搏击，就可能会船毁人亡，此时何不退一步，先给自己一个海阔天空，然后再图伸展。

妙善禅师是世人非常景仰的一位高僧，被称为“金山活佛”。他 1933 年在缅甸圆寂，其行迹神异，又慈悲喜舍，所以，直至现在，社会上还流传着他难行能行、难忍能忍的奇事。

在妙善禅师的金山寺旁有一条小街，街上住着一个贫穷的老婆婆，与独生子相依为命。偏偏这儿子忤逆凶横，经常呵骂母亲。妙善禅师知道这件事后，常去安慰这老婆婆，和她说些因果轮回的道理，逆子非常讨厌禅师来家里。有一天，这个逆子起了恶念，悄悄拿着粪桶躲在门外，等妙善禅师走出来，便将粪桶向禅师兜头一盖，刹那间腥臭污秽的粪尿淋满禅师全身，引来了一大群人看热闹。

妙善禅师却不气不怒，一直顶着粪桶跑到金山寺前的河边，才缓缓地把粪桶取下来，旁观的人看到他的狼狈相，更加哄然大笑，妙善禅师毫不在意地说道：“这有什么好笑的？人身本来就是众秽所集的大粪桶，大粪桶上面加个小粪桶，有什么值得大惊小怪的呢？”

有人问他：“禅师！你不觉得难过吗？”

妙善禅师道："我一点也不会难过，老婆婆的儿子以慈悲待我，给我醍醐灌顶，我正觉得自在哩！"

后来，老婆婆的儿子被禅师的宽容所感化，改过自新，向禅师忏悔谢罪，禅师欢欢喜喜地开示他。受了禅师的感化，逆子从此痛改前非，以孝闻名乡里。

妙善禅师将身体看做大的粪桶，所以被人加个小的粪桶，也不稀奇。这种认识正是他高尚的人格和道德慈悲的表现，而正是这一刻他弯下了腰，忍住了屈辱，才感化了忤逆的年轻人。

为人处世，参透屈伸之道，自能进退得宜，刚柔并济，无往不利。能屈能伸，屈是能量的积聚，伸是积聚后的释放；屈是伸的准备和积蓄，伸是屈的志向和目的；屈是手段，伸是目的；屈是充实自己，伸是展示自己；屈是柔，伸是刚；屈是一种气度，伸更是一种魄力。伸后能屈，需要大智；屈后能伸，需要大勇。屈有多种，并非都是胯下之辱；伸亦多样，并不一定叱咤风云。屈中有伸，伸时念屈。屈伸有度，刚柔并济。

人生有起有伏，当能屈能伸，起，就起他个直上云霄；伏，就伏他个如龙在渊；屈，就屈他个不露痕迹；伸，就伸他个清澈见底。这是多么奇妙、痛快、潇洒的情境啊！

第二十章 胸有成竹，轻松漫游职场

善用其心，善待一切。生活即道场，在工作中修行，在修行中工作。以禅净化身心，工作中也可怡然自得。处处体会工作禅法，时时拥有禅者心境。轻松对待，便能像圣严法师一样，虽忙碌但仍精彩。

在工作中修行炼心

圣严法语

职场中，很多人觉得自己好像被工作“绑架”了，无法抽空好好修行。还有一些人认为一旦全心投入修行，就无法专注于“世俗”的工作了，在他们看来，工作与修行似乎是必然冲突的，完全找不到一个点将其融合起来。

但圣严法师说“工作好修行”，因为上述两种态度都是失衡的，而修行炼心的最好方式，就是与他人共事，而工作上所必须具备的奉献精神与专注于当下的心，更是修行的精髓。

禅林雅苑

禅无处不在，人的一颦一笑、举手投足都是修行。在职场奔波忙碌的众生，心中有佛根，呼吸都是修行。

在职场中的世人，难免要承担各种各样的责任，所谓恪守本分，即像圣严法师所说的做自己该做的事情，不做不该做的事情。

圣严法师说：“把自己的本分事做好，欢喜接受所面临的一切，过一分钟，即消一分灾。”工作正是这样的本分事，打理好自己的工作，处理好工作与私人生活的关系，便能在工作中实现个人修行的提升。

而很多人之所以觉得在工作中无法修行，就是因为心存妄想。心存妄想，即为不本分，所得弊多利少。当一个人开始厌倦每天重复的生活，心中的不安分因子就会蠢蠢欲动，生活与工作的激情开始消退，新的欲望也就开始萌生。这个时候，人就开始漫不经心地经营自己的生活。生活中的柴米油盐中都有禅机，起卧坐行也都是修行，态度不认真的人又怎么能在生活这场大课堂中领悟到佛法呢?

一位行脚僧到达一座小镇时，恰巧赶上雨天，他便敲开了一户人家的房门，请求房主能够让他进屋避雨。

开门的是一位六旬老翁，听到僧人的请求之后，老人尴尬地笑了笑，将他让进了屋里。

僧人进门之后，不由得大吃一惊，屋外大雨瓢泼，屋内细雨绵绵。僧人忍不住问道："这座房子看上去像是新盖不久，为何会漏雨呢?"

老翁说道："既然师父问起来了，我也就不再隐瞒，也请师父指点一二。"

僧人沉默地点了点头，听老人道出了原委。

原来老人本是一名木匠，奋斗了一生，修了无数座房子。去年他深感自己年事已高，想及早离开这一行，和妻子儿女尽享天伦之乐，于是向老板请辞，但是老板实在舍不得这么优秀的一位木匠，就要求他在离开之前竭尽自己所能，盖一座自己最满意的房子。碍于情面，老木匠答应了老板的要求，但是在设计房子的时候并没有真正用心，甚至在盖房过程中也偷工减料。

当房子真正完成的那一天，他将钥匙交到老板手里准备离开，但是老板握着他的手，把钥匙放进了他的掌心，诚恳地对他说："你是我见过的最好的木匠！这座房子本意就是要用来奖励你的，所以，请你一定要收下。"

老木匠一生中修了无数座好房子，最后一座粗制滥造的房子却留给了自己。

听完老人的故事，僧人久久未语。

雨停之后，僧人起身告别，他对老人说："对不起，我并不能指点你什么，我还要回寺院去诵经。"

想必这位木匠已经为自己的过错而深深后悔了，恪守自己的本分，做自己该做的事情貌似是一件很简单的事情，但是在现实生活中，总会有无数的诱惑或者意外事件冲击着我们一直秉持的信仰。

所谓“在其位谋其政”，当一个人处于某种位置时，就应该把该做的、必须做的，不仅要做，还要做好，这便是一种最好的修行。恪守本分，并不是一件容易的事情，其中有感情的抑扬起伏，也有理智的冷静思索，它是低沉的、舒缓的，又是适度的、坚定的。不能真正体会到其中深意的人，自然也就无法将它纳入自己生活旋律的每个音符之中。

工作要赶不要急

圣严法语

工作是忙不完的，所以圣严法师主张工作要“赶”，但不要“急”，应该忙中有序地赶工作，而不要紧张兮兮地抢时间。

任何事积累到一定程度都会形成压力，心中背负着太多东西的人往往容易乱了分寸，无法静下心来理清思路，所以容易焦躁、抱怨，甚至愤怒。与其被忙不完的工作所驱使，不如在自己的能力范围之内，坦然面对，做得到的去做，做不到的不强求。

禅林雅苑

积极的职场人，总是能够将手头的工作理出大小内外，轻重缓急，从而按部就班，有次序地一件一件解决。这样做，既可以保证工作速度，又能保持从容不迫的心情，所以圣严法师主张人应当忙中有序地赶工作，而不要紧张兮兮地抢时间。

有一个农夫挑着一担橘子进城去卖。天色已晚，城门马上就要关了，而他还有二里地的路程。这时迎面走来一个僧人，他焦急地赶上前去问道：“小和尚，请问前面城门关了吗？”

“还没有。”僧人看了看他担中满满的橘子，问道，“你赶路进城卖橘子吗？”

“是啊，不知道还来不来得及。”

僧人说：“你如果慢慢地走，也许还来得及。”

农夫以为僧人故意和自己开玩笑，不满地嘀咕了两声，又匆忙上路了。他心中焦急，索性小跑起来，但还没跑出两步，脚下一滑，满筐橘子滚了一地。

僧人赶过来，一边帮他捡橘子，一边说：“你看，不如脚步放稳一些吧？”

农夫急于求成，一味求快，结果却恰恰相反。工作亦是如此，积极与速度并非同义词，速度与效率也往往不成正比，与其在手忙脚乱中浪费时间，不如张弛有度，井然有序地设计好每一步要踏出的距离。一味求快，往往会造成恶果。

有一个小和尚，在树林中坐禅时看到草丛中有一只蛹，蛹已经出现了一条裂痕，似乎就能看见正在其中挣扎的蝴蝶了。

小和尚静静地观察了很久，只见蝴蝶在蛹中拼命挣扎，却怎么也没有办法从里面挣脱出来，几个小时过去，小和尚依然坐在那里静静地看着。

这时候，护林人家的孩子跑了过来，看到地上挣扎的蛹，不由分说地捡起来将蛹上的裂痕撕得更大了，小和尚甚至来不及阻止。

小孩子数落着和尚：“师父，你是出家人，怎么连点慈悲心也没有呢？”

小和尚无奈地叹了口气，说道：“你为何这般性急呢？蝴蝶还没有着急，你为什么这么鲁莽地改变它的生命呢？”

果然，当蝴蝶出来之后，因为翅膀不够有力，飞不起来，只能在地上爬。

小孩子本想帮蝴蝶的忙，结果反而害了蝴蝶，正是“欲速则不达”。由此不难看出，急于求成只会导致最终的失败。所以，我们不论是在工作，还是在生活中，都不妨放远眼光，注重积累，厚积薄发，自然会水到渠成，实现自己的目标。

对于“一万年太久，只争朝夕”的人来说，最容易犯的毛病就是“欲速则不达”。放眼整个社会，大多数人都知道这个道理，而最终背道而行的人仍是大多数。

“涓流积至沧溟水，拳石垒成泰华岑。”这一出自宋代陆九渊《鹅湖教授兄韵》的诗句劝喻人们：涓涓细流汇聚起来，就能形成苍茫大海；拳头大的石头垒砌起来，就能形成泰山和华山那样的巍巍高山。只要我们一步步勤勉努力地往前赶，就能够到达成功的彼岸。

现代职场人，并非高速运转的现代机器，莫不如以一种骑士精神尽展潇洒，纵横驰骋于纷乱的生活，却保持一种美丽的心情，采一柱大漠的孤烟映照黄昏的落日，捉一轮浑圆的清月放飞自由的心灵！

心中有钟，才能撞出天籁

圣严法语

现代人生活很忙碌，理应备感充实，但事实是，职场中的人往往感觉不到生活的重心在哪里，内心常常觉得空虚无聊。忙碌的工作、多样化的娱乐方式便都成了暂时的麻醉剂，麻醉时间一过，空虚感又会袭来。

圣严法师说："当人不知道活在这个世界上的目的是什么的时候，就会感到空虚了。"洞悉因果的法师自然能从忙碌中感受到充实。

所以，我们应该干一行爱一行，做一样像一样，认真对待，享受工作，享受生活。

禅林雅苑

从前一座山，山上有座庙，庙里有一个老和尚和一群小和尚。

其中的一个小和尚在寺院中担任撞钟之职。按照寺院的规定，早上和黄昏各要撞一次钟，小和尚将撞钟的时间牢牢地记在了心中，无论阴天下雨，还是狂风冷雪，他都坚持着自己的工作，钟声从未间断。但年复一年，小和尚终于厌倦了，他觉得每天撞两次钟实在是再简单不过的工作，周而复始、千篇一律实在太无聊了，心也就渐渐麻木起来，每次撞钟时，或者天马行空地任思想游离在外，或者什么也不想，就如机器一般。

一天，小和尚撞钟时，寺院的住持从旁边经过，他看到小和尚漫不经心的表情，便将他叫到了身边，语重心长地对他说："看来，你已经不能胜任撞钟这个工作了，你还是去后院砍柴挑水吧！"

小和尚既不解又委屈："师父，撞钟还需要什么特别的能力吗？难道我撞得钟声不够响亮？还是曾经耽误过时间？"

住持说："你很准时，撞得钟声也很响亮。但是你的钟声中有什么特殊之处吗？"

"需要什么特殊的东西呢？"

"你没有理解撞钟的意义。钟声不仅仅是寺里作息的信号，更为重要的是唤醒沉迷众生。因此，钟声不仅要洪亮，还要圆润、浑厚、深沉、悠远。心中无钟，即是无佛；如果不虔诚，怎能担当撞钟之职！扪心自问，你的心中有钟吗？"

小和尚低下了头，脸上露出了惭愧之色。

"暮鼓晨钟"是寺院里的规矩，但是规矩的存在并非只是一种古板的刻意为之，其中总是蕴涵着更多的深意。小和尚只是将工作当成了工作，而没有用心去体会更深层次的含义，以至于将撞钟当成了一份机械重复、不带任何感情的工作。所以，他这个"撞钟和尚"不合格。

每个人都有自己应尽的本分与职责，禅修如此，工作更是如此。在生活与工作中投入自己的热情，认真对待，才不会在修行之后如竹篮打水，一无所得。

认真是我们对生活、对人生的一种态度，一个懂得事事都认真的人，一定是一个热爱生活且懂得生活的人，他也许会是一个平凡的人，但绝对不会是一个平庸的人，他的生命将因为他的认真而变得丰满而充实。他的人生没有虚度，而且在认真对待每一件事情中赋予了巨大意义。

忙得快乐，乐得欢喜

圣严法语

我们所处的环境，无论好坏，都像是火宅一样，充满各种躁动的情绪和难测的危险。所以《法华经》中有这样一句偈语：“三界无安，犹如火宅；众苦充满，甚可怖畏。”

圣严法师说，三界都是水深火热的环境，而工作中需要处理的烦恼尤其多。但是一切境界，出于心造，源于心受。心境烦恼，便处于火宅之中；心境清凉，便生于佛国净土。所以，人心安定，环境即太平，便见世外桃源，工作中的忙碌便为欢喜。

禅林雅苑

忙碌是一种生活状态，但不应该成为心灵的常态。若只能从忙碌中体会到烦恼与纷扰，便很难体验到游刃有余、自由洒脱的心境。

在忙碌的世俗生活中，保持一种平常心，将忙碌的劳累与不快沉淀到心底，并用岁月将其风干成一种曾经奋斗的记忆，才是在工作中获得快乐的方法。

从前，有一位官员每天忙忙碌碌，不得清闲，时间久了，他心中生了很多烦恼，对工作也倦怠起来。苦恼无处排解，他便来到一位禅师的法堂。

禅师静静听完了此人的倾诉，将他带入自己的禅房之中，禅房的桌上放着一瓶水。

禅师微笑着说："你看这只花瓶，它已经放置在这里许久了。虽然它每天都被放在同一个位置，但是瓶中的鲜花每天都在更换，它必须以同样的状态将水分与养料供给，这是一种不动声色的静态忙碌。在这里，几乎每天都有尘埃灰烬落在花瓶里面，但它依然澄清透明。你知道这是何故吗?"

此人思索良久，仿佛要将花瓶看穿，忽然他似有所悟："我懂了，所有的灰尘都沉淀到瓶底了。"

禅师点点头："世间烦恼之事数之不尽，有些烦恼越想排解越挥之不去，那就索性淡然处之。就像瓶中的水，如果你厌恶地摇它，会使一瓶水都不得安宁，混浊一片；如果你愿意慢慢地、静静地让它们沉淀下来，用宽广的胸怀去容纳它们，这样，心灵并未因此受到污染，反而更加纯净了。"

官员恍然大悟。

保持瓶中水的静止，也是保持自己内心的安定。保持一颗平常心，和其光，同其尘，愈深邃愈安静。

职场中的人，应该养成一种如水的心态，容纳万物，也容纳自我的烦恼。水至柔而有骨，执著能穿石，以"天下之至柔，驰骋天下之至坚"；齐心合力，激浊扬清，义无反顾；灵活处世，不拘泥于形式，因时而变，因势而变，因器而变，因机而动，生机无限；清澈透明，洁身自好，纤尘不染；一视同仁，不平则鸣；润泽万物，有容乃大，通达而广济天下，奉献而不图回报。

人生在世，若能将水的特性发挥得淋漓尽致，可谓完人，正是"上善若水，厚德载物"，才能在忙碌的工作中获得欢喜，否则，便会因为忙碌而失去发掘幸福的心情。

有个后生从家里到一座禅院去，在路上遇到了一件有趣的事，他想以此去考考禅院里的老僧。

来到禅院后，后生与老僧一边品茶，一边闲谈，冷不防问了一句：

“何为团团转?”

“皆因绳未断。”老僧随口答道。

后生听到老僧这样回答，顿时目瞪口呆。老僧见状，问：“什么使你这样惊讶啊?”

“不，老师父，我惊讶的是，你怎么知道的呢?”后生说，“我今天在来的路上，看到一头牛被绳子穿了鼻子，拴在树上，这头牛想离开这棵树，到草地上去吃草，谁知它转过来转过去都不得脱身。我以为师父没看见，肯定答不出来，哪知师父一下就答对了。”

老僧微笑着说：“你问的是事，我答的是理，你问的是牛被绳缚而不得解脱，我答的是心被俗务纠缠而不得超脱，一理通百事啊!”

想想我们自己，其实也是被一根无形的绳子牵着，像老牛一样围着树干团团转，总解脱不了。我们的处境又能比老牛好到哪儿去呢?

为了钱，我们东西南北团团转；为了权，我们上下左右团团转；为了欲，我们上上下下奔窜；为了名，我们日日夜夜窜奔。名是绳，利是绳，欲是绳，尘世的诱惑与牵挂都是绳。人生三千烦恼丝，斩断才能自在啊!

对活在忙碌紧张、名利缠绕的现代社会的我们而言，肩上的重担，心中的压力，将我们缠绕其中，密不透风，使我们与快乐背道而驰，越走越远。

在忙碌的工作中，放下心中的烦恼，放下心中的欲望，便会得到一双跨越烦恼，朝着晴朗的快乐天空自由飞翔的翅膀!